Introdução à teologia

Bernard Sesboüé, sj

Introdução à teologia

História e inteligência do dogma

Dados Internacionais de Catalogação na Publicação (CIP)
(Câmara Brasileira do Livro, SP, Brasil)

Sesboüé, Bernard
Introdução à teologia : história e inteligência do dogma / Bernard Sesboüé ; [tradução Maurício Pagotto Marsola, D. Hugo C. da S. Cavalcante].
– São Paulo : Paulinas, 2020. – (Coleção primícias)

Título original: Introduction à la théologie: histoire et intelligence du dogme
ISBN 978-85-356-4575-0

1. Teologia dogmática I. Título. II. Série.

19-30765   CDD-230

Índice para catálogo sistemático:
1. Teologia dogmática : Cristianismo 230

Cibele Maria Dias - Bibliotecária - CRB-8/9427

Introduction à la théologie: Histoire et intelligence du dogme
© Éditions Salvator, Paris, 2017. Yves Briend Éditeur S. A.

1ª edição – 2020
1ª reimpressão – 2022

Direção-geral:	*Flávia Reginatto*
Editores responsáveis:	*Vera Ivanise Bombonatto e João Décio Passos*
Tradução:	*Maurício Pagotto Marsola*
	D. Hugo C. da S. Cavalcante, OSB
Copidesque:	*Ana Cecilia Mari*
Coordenação de revisão:	*Marina Mendonça*
Revisão:	*Sandra Sinzato*
Gerente de produção:	*Felício Calegaro Neto*
Projeto gráfico:	*Tiago Filu*
Diagramação:	*Jéssica Diniz Souza*

Nenhuma parte desta obra poderá ser reproduzida ou transmitida por qualquer forma e/ou quaisquer meios (eletrônico ou mecânico, incluindo fotocópia e gravação) ou arquivada em qualquer sistema ou banco de dados sem permissão escrita da Editora. Direitos reservados.

Paulinas
Rua Dona Inácia Uchoa, 62
04110-020 – São Paulo – SP (Brasil)
Tel.: (11) 2125-3500
http://www.paulinas.com.br – editora@paulinas.com.br
Telemarketing e SAC: 0800-7010081
© Pia Sociedade Filhas de São Paulo – São Paulo, 2020

Esta obra deseja simplesmente esclarecer os conceitos em causa e situar a teologia dogmática à luz de seu passado, que não é reduzido, de suas grandes realizações de seu presente, mostrando o estatuto das grandes sínteses ainda contemporâneas, e de seu futuro, na medida em que é possível lançar um olhar para o céu e prever o que nos reservam as estrelas.

Bernard Sesboüé

Sumário

Introdução 11

Capítulo 1 | Breve história das palavras: teologia e teologias... 17

I. A palavra "teologia": sua história e seus sentidos.......... 18

II. A especialização das teologias 23

1. Da "leitura" (*lectio*) à exegese e à teologia bíblica....23

2. Da "questão" (*quaestio*) escolástica
   à teologia dogmática 26

3. Da teologia positiva, nascida no século XVI,
   à história dos dogmas 27

4. Da apologética (justificação da fé)
   à teologia fundamental 30

5. A teologia moral 50

6. O direito canônico 52

7. Teologia ascética e mística ou teologia espiritual....54

8. A história da Igreja 56

9. Da teologia pastoral à teologia prática 57

10. As teologias contextuais............................60

Capítulo II | Breve história das palavras: dogma 63

I. A palavra dogma 63

II. O problema do desenvolvimento dos dogmas 74

O dogma é um "isto é".................................75

O caso especial da Virgem Maria 80

As teorias do desenvolvimento do dogma
nos séculos XIX e XX 82

Capítulo III | A teologia dogmática: seu estatuto,
suas referências e seu método 87

I. A teologia dogmática: ciência de Deus
e ciência do homem 88

II. A teologia, ciência da linguagem:
a Escritura como sua fonte 89

O papel dos símbolos de fé 91

Os "lugares teológicos" de Melquior Cano (1509-1560)...............92

A articulação entre Escritura e Tradição 96

III. A construção de uma teologia dogmática 99

IV. O magistério e a infalibilidade da Igreja 100

Capítulo IV | Nascimento e expansão da teologia dogmática.... 113

I. A primeira eclosão da teologia dogmática:
os padres da Igreja 113

Irineu de Lyon: do discurso contra os heréticos
à construção de uma teologia 114

Orígenes: o Tratado dos princípios,
primeiro tratado teológico da história...............120

A contribuição de Santo Agostinho 124

II. A Idade Média e as grandes *Sumas de teologia*...............129

A passagem da patrística à escolástica
ou das autoridades às razões: Boécio 129

O nascimento da escolástica.
Da quaestio às *Sumas teológicas* 133
A alta escolástica: Tomás de Aquino 135
Boaventura e a tradição franciscana 140

Capítulo V | A teologia dogmática:
da modernidade à época contemporânea 143
I. Os séculos XVI e XVII 143
II. A renovação do século XIX 147
III. No século XX: as grandes dogmáticas................. 149
Karl Barth e sua *Dogmática eclesiástica*................. 149
1. Apresentação da *Dogmática* 151
2. Apreciação crítica 154
A obra enciclopédica de Hans Urs von Balthasar 156
1. Estética teológica
(conforme a apresentação francesa da obra)....... 158
2. A teodramática (dramática divina)................. 162
3. A lógica teológica, ou Teológica 164
O conceito de Cristianismo em Karl Rahner............. 165

Conclusão | O futuro da teologia dogmática....................... 173

Bibliografia geral 187

Introdução

Este opúsculo é despretensioso. Pretende apenas ajudar o estudante de teologia a se organizar na articulação das disciplinas revestidas da dimensão "teológica", ou também aquele que busca situar com método e precisão o eixo de sua própria pesquisa em um quadro complexo e relativamente confuso. Estas páginas pretendem fornecer um conjunto de informações referentes a um vasto domínio, tomando por centro gravitacional a teologia dogmática que permanece a grande operadora da disciplina. Mas definir a tarefa própria dessa disciplina demanda situá-la em todo um conjunto em cujo desenvolvimento ela contribuiu amplamente e do qual ela permanece manifestamente solidária.

A teologia dogmática não é o dogma. Ela é a disciplina humana que busca melhor compreender o conteúdo do e os dogmas. Do ponto de vista epistemológico, é possível situar a "ciência de Deus" na ordem das "ciências humanas", pois ela é formalmente a ciência da relação entre Deus e o homem. Do ponto de vista cristão, ela tem por objeto central o evento histórico relatado na Bíblia e que tem seu ápice na vinda, vida, morte e ressurreição de Jesus de Nazaré, proclamado pelos cristãos Cristo e Senhor, e adorado como Deus. Esse evento se prolonga em outra história, a da Igreja, da qual Jesus de Nazaré é simultaneamente fundador e fundamento. Por essa dupla razão, a teologia cristã é amplamente uma história, ciência do homem por excelência.

O termo dogma situa-se na nascente da teologia. Ele exprime o ou os conteúdos da fé. Esse termo pode ser empregado de maneira genérica para designar o conjunto da dogmática cristã. Pode também ser tomado em um sentido particular, em que determinado dado da fé será considerado como um dogma, por exemplo, o dogma da encarnação. Nesse sentido, o dogma global torna-se um conjunto complexo, mas orgânico, de dogmas diferentes. Cada dogma remete-se a um conteúdo da revelação divina e sua proposição é normativa. Ele requer a adesão de fé daquele que pretende pertencer à Igreja. O fiel tem o direito de procurar compreendê-lo da melhor maneira possível. Mas ele dispõe de uma certa liberdade em sua maneira de interpretá-lo. Em definitivo, ele deve se vincular a uma interpretação oficialmente admitida. Pode, entenda-se bem, apresentar uma ou muitas dúvidas sobre tal ou tal afirmação da fé e deve, então, buscar conhecer tais realidades mais profundamente e melhor compreendê-las, além de certas apresentações elementares e, por vezes, caricaturais. Algumas dúvidas podem igualmente ser fruto da ignorância. Se alguém se sentir definitivamente incapaz de admitir uma afirmação fundamental, deveria interrogar-se acerca do estatuto e da significação de sua pertença à Igreja.

Essa normatividade do dogma para o crente, sendo algumas vezes afirmada com alguma ênfase, está na origem da caricatura que se desenvolveu em torno desse vocabulário. Pensa-se, de tal modo, que um dogma é aquilo que se quer impor aos outros, por autoridade, e sem referência às razões que o sustentam. Uma pessoa dogmática é aquela que jamais admite errar e que coloca obrigação em tudo. Esse sentido pejorativo é amplamente difundido e empregado. É assim que o *Petit Robert* dá, ao termo "dogmático", este terceiro significado:

> 3) Corrente. Que expressa suas opiniões de maneira peremptória, absoluta, categórica, doutrinária, sistemática. *É um espírito dogmático. Ele é muito dogmático.* Afirmativo. Por extensão: *tom dogmático.* Doutoral, pedante, pretensioso, sentencioso.

Vê-se o perfil esboçado: trata-se de uma pessoa que sustenta uma proposição, pretendendo escapar *a priori* de qualquer debate racional, bem como impô-lo aos outros sem contestação possível. Ora, o dogma cristão, e sobretudo o dogma católico, impõe-se à fé além de qualquer prova. Alguns teólogos da tradição certamente abusaram dessa referência à obrigação de crer, a fim de escapar da difícil tarefa de elaborar a racionalidade própria ao ato de crer. Essa relação à normatividade do crer sempre será delicada de ser vivida com um equilíbrio sadio, mas ela não pode ser ignorada por causa de proveitos e perdas. Será preciso, portanto, dela dar conta saindo da derrisão bem como do simples processo de tendência.

O que é *teologia dogmática*? O termo atualmente se tornou objeto de certa confusão. Muitas são as suas causas. A primeira provém da multiplicação atual dos teólogos "especializados". É claro que hoje os estudos bíblicos são cada vez mais numerosos, têm cada vez mais sucesso, porque propõem um contato com a fonte da fé e, muitas vezes, retomam com pertinência um conteúdo propriamente teológico. As disciplinas teológicas conhecem, por sua vez, uma grande especialização. A intervenção das ciências humanas em seu projeto modificou profundamente as coisas. Elas se multiplicam, tanto por especificar um conteúdo particular, como a teologia de tal ou tal autor, ou a teologia de uma época, quanto para elaborar um novo conteúdo, tal como a teologia prática, cujo nascimento recente vale saudar aqui, bem como o fato de já estar em desenvolvimento. Elas o fazem ainda para exprimir uma contextualização original do sujeito, por exemplo, a teologia da libertação, a teologia feminista, a teologia asiática, ou mesmo uma "cristologia escrita do ponto de vista das vítimas" (J. Sobrino).

Uma segunda razão provém da dificuldade de abordar hoje uma exposição de conjunto do conteúdo da fé, construído com um senso sistemático e tomando posição a respeito do todo como tal. Um autor sempre tem a inquietação de não poder responder às múltiplas expectativas que se apresentam e prefere deter-se num conteúdo particular, mas que se tornou objeto de uma sensibilização no quadro da modernidade. O século XX conheceu empreendimentos dogmáticos de grande importância e bem distintos das dogmáticas propriamente escolares, como a grande *Dogmática* de Karl Barth ou o *Tratado fundamental da fé* de Karl Rahner. Mas essas obras grandiosas são já datadas e não foram substituídas por obras equivalentes, ainda que diversos autores ainda tenham coragem de intitular suas obras de *Dogmática*, como Tillich, ou *Teologia sistemática*, como Pannenberg.[1]

---

[1] Notemos a sinonímia prática entre as duas expressões: "teologia dogmática" e "teologia sistemática". O que na França é denominado de teologia dogmática, na Alemanha é chamado de teologia sistemática. A primeira expressão sublinha a relação

Pode-se, portanto, interrogar de modo legítimo acerca do futuro da teologia propriamente dogmática. Tem ela um futuro? Ou deve conhecer um tempo de silêncio relativo e de pausa, antes de poder renascer de si mesma? Essa questão prospectiva será objeto do último capítulo.

A finalidade desta obra situa-se em um nível voluntariamente elementar. Ela deseja simplesmente esclarecer os conceitos em causa e situar a teologia dogmática à luz de seu passado, que não é reduzido, de suas grandes realizações de seu presente, mostrando o estatuto das grandes sínteses ainda contemporâneas, e de seu futuro, na medida em que é possível lançar um olhar para o céu e prever o que nos reservam as estrelas.

---

entre exposição teológica e o dogma como sua norma; a teologia sistemática pretende unificar a proposição dogmática sob um ponto de vista especulativo particular (por exemplo, uma teologia da história) ou em função de um método privilegiado (por exemplo, uma teologia dialética).

CAPÍTULO 1
Breve história das palavras: teologia e teologias

No coração do atual problema da teologia dogmática há um pequeno grupo de termos-chave que regem esse espaço doutrinal. Mas tais termos chegam a nós com uma certa confusão. A razão disso é que eles têm uma longa história, desde antes da revelação cristã no mundo da investigação filosófica e religiosa, e ainda mais naquele do desenvolvimento do pensamento cristão. Nossa fé tem por objeto um evento da história. A investigação apaixonada que tentou dele dar conta com inteligência realizou-se, ela também, na história. Para se entrar na compreensão do universo teológico não basta, portanto, dar uma definição exata e contemporânea de cada termo. É preciso segui-lo em sua história com suas variações, por vezes consideráveis, de sentido. Pois esse passado da palavra continua a habitá-la e a conferir-lhe todo seu peso.

Em sua origem nem todas essas palavras são contemporâneas. Seguiremos, portanto, cada uma delas desde sua emergência até a atualidade, a fim de ver como progressivamente construíram um espaço semântico que faz sentido.

I. A palavra "teologia": sua história e seus sentidos

Etimologicamente, *teologia* é o discurso sobre Deus. O termo era empregado pelos filósofos gregos para exprimir a parte da disciplina filosófica que se ocupava da questão de Deus. Ela se fazia a partir da mitologia, submetendo os antigos mitos divinos ao juízo crítico da razão ou do *logos*. Tal é o sentido do termo em Platão e em Aristóteles. A teologia está no cume do saber contemplativo. Os padres da Igreja aplicaram de modo espontâneo o termo ao discurso sobre a *Trindade*, em oposição à *Economia* (*oikonomia*), isto é, às disposições tomadas por Deus ao longo da história para realizar nossa salvação. A teologia tratava de Deus em si mesmo; a Economia falava de Deus em sua relação com os homens.

Em seguida, o termo teologia se estendeu progressivamente ao conjunto do discurso cristão, pelo qual os crentes buscam compreender aquilo em que creem. É a perspectiva definida por Santo Agostinho com a expressão "a fé em busca da compreensão" (*fides quaerens intellectum*). A homenagem da fé cristã a Deus não seria plenamente ela própria se não fosse um ato autenticamente humano, isto é, o ato de uma inteligência e de uma liberdade humana. A teologia é o fruto do diálogo entre a razão e a fé. Com o tempo, essa preocupação tomou corpo de maneira mais formalizada, estruturada, inclusive de modo metafísico e filosófico. Já no século II, Santo Irineu sabia discernir, em particular a partir das cartas paulinas, a estrutura da história da salvação que culmina na "recapitulação" de todas as coisas na pessoa de Cristo. A esse propósito, ele é, após os autores do Novo Testamento, o fundador da teologia cristã. Um século mais tarde, Orígenes é o autor do primeiro tratado de teologia cristã com sua obra intitulada *Sobre os princípios* (*Peri Archôn*),[1] no qual ele transforma em teologia cristã o uso dos grandes tratados filosóficos que remontavam aos primórdios do pensamento. Os padres da Igreja dos séculos IV e V, de Atanásio e dos Capadócios a Agostinho, continuaram nessa trilha, elaborando simultaneamente a teologia da Trindade e a da encarnação redentora. O desejo de uma construção sistemática e racional do mistério cristão está no coração desse empreendimento.

Com a Idade Média e o nascimento na Europa das escolas e universidades, o trabalho especulativo não cessa de crescer. Na época das grandes *Sumas teológicas* da Escolástica, a teologia pretendeu dar-se um estatuto científico, não no sentido de ciência experimental moderna, mas no sentido de um saber da fé, estruturado segundo o encadeamento de razões e sistematizado em uma "ordem de doutrina" (*ordo doctrinae*). O artigo 1º da Suma teológica de São Tomás é intitulado da seguinte maneira: "A doutrina sagrada, o que ela é, e do que se ocupa (*De sacra doctrina, qualis sit et ad quae se extendat*)". Ele desenvolve o tema com clareza nos 10 artigos dessa mesma questão. Quem, nesta época, diz ciência, diz "disciplina argumentativa" (art. 8), que parte dos princípios e das causas chegando aos efeitos.

---

[1] Orígenes. *Traité des principes. Sources chrétiennes* (SC), 252, 253, 268, 269, 312. Paris, Cerf, 1978, 1980, 1984.

Há, com efeito, ciência, para Aristóteles e os escolásticos medievais, quando uma realidade é conhecida em um outro que é sua razão, isto é, pela causa pela qual ela é o que é. (...) A ciência é conhecimento pela causa, pelo princípio, *in principio*.[2]

Esses princípios, em teologia, são os artigos da fé. A partir desses princípios, a teologia argumenta para "mostrar outra coisa".

Entretanto, a situação da razão humana em face da fé a coloca em uma situação original em relação às disciplinas puramente humanas. O mistério de Deus e do dom de Deus aos homens ultrapassa sempre as simples capacidades da razão. Esta jamais pode esgotar os dons daquela. Ela deve aceitar não poder tudo deduzir nem provar *a priori*, o que é sua capacidade própria. Trata-se, portanto, de *certa* inteligência das coisas da fé, mais do que de uma compreensão total, na medida em que abrange o todo dessas questões. Nessa relação entre a razão e a fé, encontramos duas tentações, a do fideísmo (cf., no século XIX, o teólogo Louis Bautain) e a do racionalismo (cf., na mesma época, Georg Hermès). Essas duas tendências foram condenadas no Vaticano I, que, aliás, legou-nos, em um texto célebre, uma excelente definição de teologia:

> Quando a razão, esclarecida pela fé, busca com cuidado, piedade e moderação, ela chega, pelo dom de Deus, a uma certa inteligência muito frutuosa dos mistérios, tanto graças à analogia com as coisas que ela conhece naturalmente quanto graças aos vínculos que unem os mistérios entre si e com o fim último do

---

[2] Y. Congar, art. Théologie. In: *Dictionnaire de théologie catholique*. Paris, Letouzey, 1946, t. XV, col. 459.

Introdução à teologia

homem. Jamais, entretanto, ela se tornou capaz de penetrá-los tal como as verdades que constituem seu objeto próprio.[3]

Há teologia quando a razão se exerce à luz da fé. De outro modo, há simplesmente ciência da religião.[4] A inteligência obtida é "muito frutuosa", pois ela é um auxílio para viver da fé e na fé, bem como porque conduz o ser humano àquilo que é seu fim último, a visão de Deus. Ela procede por analogia com o conhecimento natural, pois é condicionada pela experiência sensível, a partir da qual formalizamos todas as nossas experiências. Temos sempre necessidade de representações: ora, estas nos faltam radicalmente em nossa experiência de Deus. Transpomos, portanto, por comparação as imagens de nossas experiências terrenas para exprimir nossa relação com Deus. As categorias de nossa vida humana servem de suporte para compreendê-la. Toda linguagem teológica repousa sobre essa transposição linguística. A segunda maneira de penetrar na inteligência da fé é deslocar a recorrência e as correspondências que pertencem a um domínio para outro e iluminar a lógica imanente ao conjunto dos mistérios. Essa lógica, não a podemos deduzir, mas podemos descobrir. Dá-se aqui a analogia da fé. Por exemplo, o critério calcedônio do "sem divisão nem confusão", que diz respeito à relação entre divindade e humanidade na pessoa de Cristo, pode ser aplicado a tudo que concerne à relação entre o homem e Deus. Enfim, o homem não

---

[3] Vaticano I. Constituição dogmática *Dei Filius*, sobre a fé católica, *DzH* 3016.

[4] Por exemplo, a laicização da modernidade transformou a antiga Faculdade de Teologia de Paris-Sorbonne em École Pratique des Hautes Études.

pode compreender a si mesmo sem se referir ao sentido e ao fim de sua existência. A teologia deve poder esclarecer essa questão.

Sendo dados seu fundamento e seu objeto, o trabalho da teologia é inesgotável e deve ser retomado com constância de século em século, em razão do mistério divino que nos ultrapassa e das novas questões que percorrem as diferentes culturas humanas ao longo da história. O Concílio Vaticano II recorda:

> A sacra teologia apoia-se na Palavra de Deus escrita, inseparável da sagrada Tradição, como sobre um fundamento permanente; nela também se fortifica, se afirma e se rejuvenesce sempre, na medida em que perscruta, à luz da fé, toda verdade que se encontra escondida no mistério de Cristo.[5]

Essa tarefa é a de toda a Igreja, mas é normal que ela se realize de maneira particular pelos pastores e teólogos, sempre à escuta do que o Espírito diz às Igrejas:

> Cabe a todo povo de Deus, notadamente aos pastores e aos teólogos, com a ajuda do Espírito Santo, perscrutar, discernir e interpretar as múltiplas linguagens de nosso tempo e julgá-las à luz da palavra divina, para que a verdade revelada possa ser, sem cessar, melhor penetrada, melhor compreendida e apresentada sob uma forma mais adaptada.[6]

---

[5] Vaticano II, Constituição *Dei Verbum*, sobre a revelação, n. 24.

[6] Vaticano II, Constituição *Gaudium et Spes*, sobre a Igreja no mundo contemporâneo, n. 44, 2.

Introdução à teologia

A teologia cristá muito viveu durante esses dois milênios e engendrou diversas especializações, que guardam sempre uma relação de fundo com ela, mesmo que a história as tenha levado a ter simultaneamente distância e autonomia. Tanto e *si bien que* hoje se coloca de maneira nova a questão da unidade da teologia dogmática.

II. A especialização das teologias

Ao longo da história, a teologia dogmática que, desde seu início, retoma essencialmente o conteúdo do Credo, e por essa razão será o objeto deste livro, especializou-se, como qualquer outra disciplina, e de algum modo se estilhaçou em um número cada vez maior de disciplinas. Tentemos recolhê-las em função da emergência histórica de cada uma.

1. Da "leitura" (*lectio*) à exegese e à teologia bíblica

Inicialmente, a teologia dogmática se constitui a partir da leitura e da interpretação da Escritura. Os padres da Igreja praticaram largamente os comentários sistemáticos dos livros sagrados. Mas também, em sua reflexão sobre a Escritura e o Credo, formalizaram um certo número de estruturas provindas da revelação e, com esse propósito, inventaram a teologia dogmática. A Idade Média vivia sob a distinção simples entre a *lectio* e a *quaestio*. No início dessa formalização, a ciência sagrada comportava dois pilares fundamentais, que chamamos *lectio* e *quaestio*. A *lectio* é a leitura da Escritura, leitura comentada e interpretada pelos mestres que praticam simultaneamente uma exegese empírica e espiritual

23

conforme os quatro sentidos da Escritura, que são herdados de Orígenes, segundo o famoso dístico:

Littera gesta docet, quid credas allegoria,
Moralis quid agas, quo tendas anagogia.
A letra ensina o que se passou, a alegoria, em que deves crer, a moral, o que deves fazer, a anagogia, para o que deves tender.

Esses quatro sentidos formam juntos uma universalidade capaz de orientar o crente no conjunto dos problemas de sua vida. Eles constituem uma primeira forma de teologia bíblica, não ainda científica, mas muito significativa para o fundamento do discurso da fé. Têm sua origem no discernimento operado por Orígenes dos três sentidos da Escritura: o corpo ou a letra, a alma e o espírito. Essa trilogia, de natureza antropológica, é elaborada por Orígenes de maneira muito complexa. O corpo designa tanto a letra pura como o evento ou a história. A alma pode designar tanto o sentido moral quanto o sentido místico, isto é, o mistério da Igreja. O espírito, ou "sentido espiritual" e oculto, exprime a realidade celeste da qual a Lei contém a sombra, ou a realidade do fim dos tempos, sabedoria oculta no mistério de Cristo, ou o Evangelho eterno. Ele conduz ao sentido anagógico, isto é, à herança da vida eterna. Combinando esse sentido de um modo original, a Idade Média elaborou a doutrina dos quatro sentidos, que se impôs por muito tempo e condicionou a adequada compreensão dos textos antigos. A leitura da Escritura efetuada por Pascal ainda traz sua marca.

Os séculos passaram e a pesquisa bíblica se tornou cada vez mais rigorosa nos meios judaicos, protestantes e católicos, e as insuficiências do sistema dos quatro sentidos mostraram-se cada vez mais sensíveis. A multiplicação das alegorias mais ou menos forçadas e com frequência retórica foi rejeitada e o desejo de retornar ao sentido original, isto é, o em geral histórico, impôs-se como tarefa prioritária. A crítica queria saber a época exata da produção dos textos, seu real autor, seu caráter histórico ou lendário e seu gênero literário, bem como compreender o sentido que lhes davam seus autores. É assim que, em 1678, foi publicado o livro do oratoriano Richard Simon intitulado *História crítica do Antigo Testamento*,[7] que fazia uma síntese de conhecimentos cuja ambição era já científica e que obteve largamente o consenso dos pesquisadores de diferentes escolas. Esse livro pode ser considerado o ponto de partida no âmbito católico da exegese científica moderna. No título, o termo "crítica" é particularmente significativo e anuncia a intenção primordial dos pesquisadores. Destacava-se, dentre outras "novidades", que o Pentateuco não poderia ter sido escrito por Moisés. A partir de extratos publicitários da obra, que dispunha das autorizações pretendidas, Bossuet assume também essa tese concernente ao Pentateuco. Imediatamente, ele pede e obtém a posse dos exemplares. Um mês e meio depois, o rei e seu conselho decidem pela destruição total do estoque. Apenas alguns raros exemplares escapam das chamas. Sem hesitar, R. Simon fez uma nova edição de seu livro, que logo conheceu uma grande celebridade na Europa. Mas o golpe foi mortal para a pesquisa exegética francesa, que em seguida padeceu de um grande atraso, enquanto a mesma pesquisa avançava rapidamente no âmbito

---

[7] Richard Simon. *Histoire critique du Vieux Testament*, seguido da *Lettre sur l'inspiration* [Carta sobre a inspiração]. Nova edição anotada e introduzida por Pierre Gibert. Paris, Bayard, 2008.

Bernard Sesboüé

dos pesquisadores ingleses e alemães, pertencentes às Igrejas da Reforma.

A história, contudo, não retrocede. Apesar das reticências e atrasos que lhe custariam a grave crise "modernista" do início do século XX, a Igreja Católica teve que se introduzir na escola exegética e desenvolver uma nova forma de teologia bíblica. As conclusões dessas duas disciplinas foram cada vez mais consideradas e contribuíram fortemente para a evolução do conteúdo da teologia dogmática. Está longe o tempo em que o professor de cristologia podia dizer: "Meu curso está preparado, falta apenas inserir as citações escriturísticas". A cristologia não consistia senão no estudo de seu desenvolvimento dogmático ao longo das diferentes crises conciliares. Ela se deslocou amplamente para dar lugar ao grande movimento doutrinal que atravessa todo o Novo Testamento desde a confissão da ressurreição do homem Jesus até a do Verbo feito carne.

2. Da "questão" (*quaestio*) escolástica à teologia dogmática

A leitura da Escritura põe inevitavelmente uma multidão de questões que serão objeto da teologia dogmática ou sistemática. A Idade Média formalizou cada ponto dos objetos da fé, em função de uma série de questões que se colocaram aos teólogos. Cada questão podia, por sua vez, ser dividida em um ou mais artigos, sempre formulados sob a forma de uma interrogação. As grandes *Sumas teológicas* são compostas da sequência dessas questões, encadeadas umas às outras segundo uma ordem lógica e construindo um corpo de doutrina. As *Sumas teológicas* constituem, portanto, a primeira operação da teologia dogmática em sua intenção totalizante: elas pretendem comentar e analisar todos os pontos do dogma cristão, isto é, os artigos do Credo e os desenvolvimentos que a vida cristã lhes deu no mesmo espírito. Como se trata do objeto principal desta obra, a elas retornaremos mais longamente nos capítulos IV e V, evocando sua evolução ao longo dos séculos.

Teologia dogmática e teologia sistemática podem ser consideradas quase sinônimos. A ambição totalizante da dogmática e seu cuidado de manter a ordem das razões a conduzem de modo inevitável a ser sistemática. A primeira expressão sublinha sua relação com a norma da fé e sua expressão magisterial, enquanto a segunda sublinha o ponto de vista doutrinal original, escolhido por seu autor para servir de fio condutor e assegurar a coerência interna de seus desenvolvimentos. Por exemplo, o Concílio Vaticano II estava na origem de uma dogmática da "história da salvação", preocupação dominante da teologia da época.

3. Da teologia positiva, nascida no século XVI, à história dos dogmas

Sendo o Cristianismo fundado sobre uma sequência de eventos realizados na história e encontrando sua realização no evento de Jesus de Nazaré, que viveu, morreu e ressuscitou, é normal que a referência histórica seja a primeira em qualquer teologia. No mais, a pesquisa teológica também se desenvolve na história e é em grande parte feita do encontro das diversas culturas com o conteúdo da fé, culturas cujas questões exprimem suas preocupações maiores.

Num primeiro momento, a referência à história não se apresentava como problema porque os autores bíblicos diziam, em particular os do Novo Testamento, que nos narravam o ensinamento dado por Jesus ao longo de sua existência. Mas os séculos passaram, os eventos se tornaram mais distantes e foram transmitidos a épocas em que a história não era ainda uma ciência. Ora, com o tempo, o cuidado e a exigência de verificação crítica se fazem cada vez mais sensíveis, em particular em relação aos eventos cujo anúncio se situava além do que era normalmente possível em nosso espaço-tempo. O cuidado apologético da prova da fé pela história não lhe foi estranho.

A expressão "teologia positiva" aparece pela primeira vez em Raimundo Lúlio, no final do século XIII, e o conceito foi retomado por Johannes Major (João Mair) em seu *Comentário ao IV Livro das Sentenças*, em 1515. Ela não escapa a Inácio de Loyola que, em suas "Regras para sentir com a Igreja", pertencentes aos *Exercícios espirituais*, expressa o seguinte discernimento:

> Louvar a teologia positiva e a teologia escolástica. É mais próprio dos doutores positivos, tais como São Jerônimo, Santo Agostinho, São Gregório etc., mover o coração a em tudo amar e servir a nosso Senhor. E é ainda próprio dos escolásticos, tais como São Tomás, São Boaventura, o Mestre das sentenças etc., definir e explicar para nosso tempo o que é necessário para a salvação eterna e para melhor combater e denunciar todos os erros e todos os sofismas. Os doutores escolásticos sendo, com efeito, mais modernos, não apenas se beneficiam da inteligência verdadeira da Sagrada Escritura e dos santos doutores positivos, mas ainda, iluminados e esclarecidos pela graça divina, podem

Introdução à teologia

se valer dos concílios, dos cânones e dos decretos de nossa santa madre Igreja.[8]

Santo Inácio não queria que se opusessem as duas teologias, cada uma tendo seus valores próprios: sendo a teologia positiva mais espiritual e a escolástica mais especulativa, permitindo argumentar com os doutores da Reforma. No domínio da formação, a teologia positiva, mais próxima da Escritura, endereçava-se aos candidatos que se dedicavam à pregação e à direção espiritual, enquanto a escolástica deveria formar teólogos universitários capazes de debater. Mas a preocupação com verificação histórica dos dados se desenvolve mais, a ponto de parecer introduzir um novo critério no seio da Igreja, independente da tradição comum e portador de uma pretensão científica. Essa tensão entre as duas disciplinas se mantém na época tardia da teologia neoescolástica.

No final do século XIX, a teologia positiva dá lugar à *história dos dogmas*. Essa mudança de denominação era o corolário da nova pretensão da história de se impor como uma verdadeira ciência. Significava ao mesmo tempo maior autonomia em relação à teologia propriamente dita, ciência eclesial e submissa a seu magistério. A história deveria obedecer a seus próprios princípios e não ter medo de abordar os períodos obscuros da história da Igreja, assim como certas evoluções institucionais importantes, com frequência esquecidas pela teologia escolástica. Esse foi um aspecto importante da crise modernista no início do século XX.

---

[8] Inácio de Loyola. *Exercices spirituels*, décima primeira regra para sentir com a Igreja. Trad. F. Courel. Paris, DDB, 1960, n. 343.

Bernard Sesboüé

Esse trabalho da história dos dogmas se realizou antes no protestantismo alemão, com as obras de Reinhold Seeberg,[9] Friedrich Loofs[10] e Adolf von Harnack.[11] Na França, o trabalho era particularmente delicado no início do século XX, por causa da crise modernista. Isso não impede a aparição da obra em três volumes de J. Tixeront.[12] Não houve mais história dos dogmas ao longo do século XX, antes que fosse escrita com a intenção de integrar nessa história todo o trabalho de pesquisa do século XX.[13]

4. Da apologética (justificação da fé) à teologia fundamental

A apologética é tão antiga quanto a Igreja. Ela é recomendada pela Escritura; a 1ª Epístola de Pedro exprime-se da seguinte maneira:

---

[9] Reinhold Seeberg. *Lehrbuch der Dogmengeschichte*. Leipzig, 1908, 1954. v. 1-4 (1 e 2).

[10] Friedrich Loofs. *Leitfaden zum Studien der Dogmengeschichte*. Halle, 1906. v. 1-2 (5. ed. revista, hrggb von Kurt Aland, Saale, 1951).

[11] Adolf von Harnack. *Die Geschichte der altchristlichen Literatur bis Eusebius*. Leipzig, Hinrichs, 1893; *Lehrbuch des Dogmengeschichte. T. I. Die Entstehung des kirchlichen Dogmas*; T. II. *Die Entwicklung des kirchlichen Dogmas*; T. III. *Die Entwicklung des kirchlichen Dogmas*, 2, 3. Tübingen, J. C. B. Mohr, 1909-1910; *Histoire des dogmes*. Trad. E. Choisy. Paris, Cerf, 1993.

[12] J. Tixeront. *Histoire des dogmes dans l'Antiquité chrétienne. T. I: La Théologie anténicéenne*; T. II: *De Saint Athanase à Saint Augustin (318-430)*; T. III: *La Fin de l'âge patristique (430-800)*. Paris, Gabalda, 1905-1911.

[13] B. Sesboüé (ed.). *Histoire des Dogmes*, direção de B. Sesboüé. T. I: *Le Dieu du salut, la Tradition, la règle de foi et les Symboles. L'économie du salut. Le développment des dogmes trinitaire et christologique*, por B. Sesboüé e J. Wolinski. Paris, Desclée, 1994; T. II: *L'Homme et son salut. Anthropologie chrétienne: création, péché originel, justification et grâce, fins dernières*, por V. Grossi, L. F. Ladaria, Ph. Lécrivain, B. Sesboüé. Paris, Desclée, 1995; T. III: *Les signes du salut. Les sacrements, l'Église. La Vierge Marie*, por H. Bourgeois, B. Sesboüé e P. Tihon. Paris, Desclée, 1995; T. IV: *La Parole du salut*, por B. Sesboüé e Ch. Theobald. Paris, Desclée, 1996.

Estejais sempre prontos a justificar [*pros apologian*, "a fazer a apologia de"] vossa esperança diante daqueles que vos pedem.

Mas que isso seja com doçura e respeito, tendo uma boa consciência, a fim de que, justamente sobre aquilo que vos caluniam, aqueles que descreem de vossa boa conduta em Cristo sejam confundidos" (3,15-16).

Trata-se de justificar o ato de crer com a razão, mostrando que a fé é "razoável", que ela tem suas razões porque ela é razão. Em outros termos, a fé é um ato humano fundamentado, que tem sentido no plano simplesmente antropológico. Essa justificação deve poder se dirigir a quem quer que coloque a questão, seja ou não crente, e simplesmente pergunte: Por que credes? O cristão não pode crer com uma indiferença soberba em relação àqueles que não creem ou cuja crença é outra. Diante deles, tem o dever de considerar as dificuldades, suas objeções e suas razões. Esse descrente muda ao longo da história conforme as culturas. Ora, cabe a ele apresentar o terreno no qual o debate se instaurará. Tal é a razão da grande mutabilidade do discurso apologético da fé ao longo da história. Este deve se renovar de modo incessante em função das novas questões. O grande perigo de qualquer apologética é estar atrasada em relação a um ou muitos elementos acerca de questões vindas da cultura.

Esse discurso *ad extra*, entretanto, é também um discurso *ad intra*. A objeção proferida pelo não cristão ou não crente corresponde a uma questão que o crente se põe a si mesmo. Pois crentes e não crentes comunicam-se nas mesmas interrogações culturais. O debate entre eles se interioriza no próprio crente, entre sua fé e sua vontade de crer, de um lado; e sua descrença, suas dúvidas e dificuldades, de outro. Tomemos um exemplo clássico do debate sobre a Trindade entre Basílio de Cesareia e Eunômio de Cízico. Eles foram formados nas mesmas escolas filosóficas. Eunômio sustentava que Deus era uno e usava todas as fontes da filosofia grega para provar que o Filho e o Espírito não podiam ser senão criaturas do Pai, único e verdadeiro Deus de modo definitivo. Basílio, formado nas mesmas exigências racionais, era tocado pela objeção. Eis por que ele aceita o debate nesse terreno e busca exprimir, de modo não contraditório, o mistério trinitário. Elabora, então, uma reflexão decisiva para o futuro do conceito de relação. Com efeito, valia aqui o grande princípio de que não somos capazes de dizer aos outros senão aquilo que somos capazes de dizer a nós mesmos de modo verdadeiro. Enfim, Pedro insistia na doçura e no respeito ao outro. A "boa consciência" da qual ele falava era simplesmente a "boa-fé". O debate com o outro era conduzido pelo debate leal realizado consigo mesmo.

Desde seu nascimento, a Igreja foi atacada pelos judeus e pagãos, que eram os dois grandes grupos religiosos do mundo mediterrâneo da época, entre os quais os cristãos foram dificilmente identificáveis porque eles constituíam um terceiro gênero (*triton genos*), inclassificável nesse universo religioso. É por isso que os primeiros autores cristãos desenvolveram, nos séculos II e III, um amplo discurso apologético destinado aos judeus, em seguida um discurso análogo endereçado aos pagãos, antes de serem obrigados a se dirigirem aos cristãos mal convertidos, que estariam na origem das primeiras heresias. O discurso dominante dos padres da Igreja foi, portanto, o dos "apologetas" ou dos "apologistas".

Justino, "filósofo e mártir", engaja-se no primeiro discurso com o *Diálogo com Trífon*.[14] Essa função literária, escrita a partir do longínquo modelo dos diálogos platônicos, remetia-se a conversas reais que na época testemunham relações tanto polêmicas quanto benevolentes entre judeus e cristãos. O debate dizia respeito à interpretação das Escrituras. Os cristãos reivindicavam o Antigo Testamento como uma herança que lhes era um bem próprio, enquanto os judeus lhes reprovavam sua infidelidade à Lei de Moisés e sua fé em um Messias condenado odiosamente. Os cristãos responderiam mostrando as correspondências entre os dois testamentos, o segundo realizando as profecias do primeiro. Após Justino, Aríston de Pela escreveu uma discussão entre Jasão (judeu-cristão) e Papício (judeu de Alexandria) acerca do Cristo, diálogo esse hoje perdido.

Do lado dos pagãos, a contestação se fez muitas vezes perseguição. Os cristãos instauravam, com efeito, um problema político. Eram "ateus e ímpios", pois recusavam o culto dos deuses da cidade, culto que era o fundamento da sociedade política pagã. Eram até mesmo "inimigos do gênero humano", recusando a racionalidade helênica que cada vez mais se distanciava de seus próprios mitos, e retornavam a narrativas que muito se assemelhavam às da mitologia. Sobre esse terreno, o pagão Celso escreveu, com seu *Discurso verdadeiro* (*Alèthès logos*), uma das polêmicas

---

[14] Justino. *Dialogue avec Tryphon*, ed. Ph. Bobichon. Friburgo, Éditions Universitaires, 2003.

Bernard Sesboüé

mais violentas da história contra o Cristianismo. Para responder aos pagãos, reencontramos aqui o mesmo Justino, endereçando-se com solenidade ao imperador em suas duas *Apologias*. Aqui, o apelo às Escrituras não era mais operante. Justino defendia primeiro o mistério trinitário, depois contra-atacava acerca da imoralidade das narrativas pagãs e, enfim, propunha uma conciliação, mostrando que as sementes da verdade que se encontravam entre os pagãos eram sementes do Verbo. "Tudo o que há de verdade nos outros, pertence a nós, cristãos".[15] Após Justino, Taciano escreveu um *Discurso aos gregos*, Atenágoras de Atenas, uma *Súplica acerca dos cristãos*, e Teófilo de Antioquia, um livro endereçado *A Autólico*. É preciso também mencionar o opúsculo que conhecemos pelo nome de seu destinatário, *A Diogneto*, e que fazia, diante de um pagão bem-intencionado, a descrição da vida e da doutrina dos cristãos. Os latinos igualmente: Tertuliano, em seu *Apologético*, mostra que o Cristianismo era a *vera religio*.[16] Mais tarde, Lactâncio continua um percurso análogo. Os apologistas foram habitados pelo grande desejo de converter a cultura.

Rapidamente, a tarefa da apologética orienta-se para as heresias cristãs. Novamente, adversários surgem do interior, pois eles abandonavam mais ou menos a regra da fé e amalgamavam outros sistemas de pensamento com os dados da revelação cristã. O discurso cristão deixava-se penetrar por uma racionalidade que lhe era estranha. Era tentado de concordismo ou sincretismo. A

---

[15] Justino. Ire. *Apologie* 2, 13, ed. Wartelle. Paris, Études Augustiniennes, 1987.

[16] Encontramos a edição e tradução dessas obras na coleção *Sources chrétiennes* (SC).

primeira forma de heresia foi a *gnose*, ou o *gnosticismo*, que pretendia propor a salvação pelo conhecimento perfeito, revelado aos privilegiados, que eram os "espirituais". A gnose foi um movimento cultural e religioso muito difundido na época, que se desenvolveu simultaneamente no meio pagão (grego), na órbita das religiões de mistério, no meio judaico (Fílon de Alexandria) e, enfim, sob a forma de gnose cristã. Os dois principais nomes foram Valentino e Marcião. Os autores cristãos a chamaram de "falsa gnose", sendo o Cristianismo, para eles, a verdadeira gnose.

Os traços característicos da gnose são os seguintes: o *esoterismo*, pois o gnóstico é beneficiário de uma revelação reservada aos iniciados; uma *atitude anticósmica*, pois o mundo visível é fruto de uma decadência, portanto, mal; uma *atitude anticarnal*, sendo o homem prisioneiro de um corpo incapaz de salvação; uma *atitude anti-histórica*, pois o homem é prisioneiro do tempo, o mundo sendo uma mistura de duas naturezas contrárias e inconciliáveis, luz e trevas; uma *metafísica de intermediários*, pelos quais o gnóstico deveria ascender para sua origem e seu fim.

A gnose demanda um esforço considerável de muitas gerações de autores cristãos. Justino, decisivamente onipresente, foi também autor de um *Tratado contra todas as heresias* e de um tratado *Contra Marcião*, ambos hoje perdidos. Mas o grande adversário da gnose foi Irineu de Lyon, em sua grande obra conhecida com o título de *Contra as heresias*, mas cujo título completo é *Esclarecimento e refutação da gnose de nome enganador*.[17] Irineu pretendia primeiramente mostrar as contradições e a inconsistência racional das doutrinas

---

[17] Irineu de Lyon. *Contre les hérésies*, trad. de Adelin Rousseau. Paris, Cerf, 1984.

Bernard Sesboüé

gnósticas. Ele estimava que a manifestação de suas doutrinas conduzia à sua primeira refutação. Teve o cuidado, bem moderno, de conhecer com exatidão o pensamento de seus adversários. Mas essa refutação pela razão não basta, e ele continua o debate com base nas Escrituras. Contra os gnósticos que opunham de modo arbitrário Antigo e Novo Testamentos, revela, ao contrário, sua harmonia. Para ele, havia prova pelas Escrituras desde que fosse possível mostrar, acerca de uma questão, o acordo entre os dois Testamentos. É com essa base que ele desenvolve a primeira teologia eclesial a partir da história da salvação, centrada em torno da noção de "recapitulação" de todas as coisas em Cristo. Em Irineu, a teologia propriamente dogmática nasce da apologética ou da teologia fundamental.[18] Após Irineu, Clemente de Alexandria e Orígenes também investiram suas forças no combate ao gnosticismo.

Essa primeira época nos situa os três primeiros interlocutores constantes do discurso cristão e, portanto, da tarefa apologética: as outras religiões, representadas aqui pelos judeus, a razão humana e, portanto, também a filosofia, e, enfim, a heresia. Ela nos mostra a solidariedade, estreita e original, dessa disciplina com a teologia dogmática. Com a conversão do Império romano ao Cristianismo, o discurso aos judeus e aos pagãos torna-se menos urgente, pois a Igreja cristã constituía cada vez mais a sociedade. A justificação

---

[18] Cf. Alain de Boulluec. *La notion d'hérésie dans la littérature grecque, IIe.-IIIe. siècles.* T. I: *De Justin à Irenée*; T. II: *Clément d'Alexandrie et Origène.* Paris, Études Augustiniennes, 1985. Obra fundamental sobre o nascimento do conceito de heresia na Igreja antiga. O autor diz em uma fórmula modelar: "Remonta a Justino a invenção do conceito de heresia" (T. I, p. 110), em um procedimento por exclusão da Tradição cristã. Mas, para ser mais completo e mais justo, é preciso mencionar também a reciprocidade de dois adágios: se a norma criou o erro, o erro também criou a norma.

36

Introdução à teologia

da fé toma a forma de uma discussão em torno das grandes heresias trinitárias e cristológicas. Em um primeiro momento, essas heresias se apoiavam na Escritura e recusavam a transposição da linguagem escriturística para a linguagem grega a fim de superar as ambiguidades da hermenêutica da fé. Em um segundo momento, elas procederam da maneira mais racional possível. Com Basílio de Cesareia, passa-se ao terreno da contestação propriamente filosófica. Trata-se de mostrar como a fé cristã pode afirmar a Trindade sem recair no politeísmo. Com Agostinho, formava-se uma nova requisição da razão crente. Não mais bastava desenvolver o Credo, justificar sua coerência, mas agora seria preciso "dar-lhe razão" (*reddere rationem*). É nele que vemos a primeira passagem das "autoridades" (*auctoritates*) às "razões" (*rationes*), ou seja, da literatura patrística, que procedia principalmente a partir das *autoridades* da Escritura e da Tradição, à literatura escolástica, que buscava dar razão da fé a partir de *razões*, provindas do pensamento humano comum. Agostinho foi também o autor de uma grande obra apologética, *A cidade de Deus*. A tomada de Roma por Alarico, em 24 de agosto de 410, foi ocasião de uma interrogação cultural grave sobre o Cristianismo. A devastação e o saque de Roma pelos bárbaros foram vistos como castigos divinos e renovaram a questão: O Império não errou em abandonar seus deuses e passar ao Cristianismo? O balanço histórico disso não era um fracasso? Agostinho respondeu elaborando uma vasta teologia da história, que exerceu uma imensa influência na Idade Média e até Bossuet. O percurso, dividido em seis eras, convidou o mundo romano a reler sua história política e a confessar a necessidade de um mediador entre Deus e os homens, que Agostinho identificou na pessoa de Cristo. A história é descrita como o longo teatro da luta entre duas cidades,[19] a cidade de Deus e a cidade terrestre, segundo a célebre fórmula: "Dois amores, duas cidades: o amor de si até o desprezo de Deus, a cidade terrestre; o amor de Deus até o desprezo de si, a cidade celeste".[20] São Jerusalém e Babilônia. Mas, aqui, as duas cidades se compenetram e nenhuma pode ser identificada com uma instituição humana visível.

Com a Idade Média se difunde o método escolástico nas escolas e universidades. A teologia torna-se uma "ciência". Mas o discurso contra "os gentios" permanecia vivo com Santo Anselmo e São Tomás de Aquino. Santo Anselmo teve o cuidado de responder às objeções externas no *Cur Deus homo?* [Por que um Deus homem?].[21] Esse projeto explica, por um lado, seu cuidado de propor a fé segundo uma ordem de razões necessárias.

Antes de sua *Suma teológica*, São Tomás havia escrito uma *Suma contra os gentios*. Durante muito tempo, com base em um texto apócrifo de Pedro Marsili, acreditou-se que se tratava de uma obra missionária, uma espécie de manual destinado aos dominicanos para anunciar o Evangelho aos mouros. Ora, os gentios em questão designam os pagãos em geral e não os muçulmanos, que não são visados no texto. A obra visa ao paganismo antigo, na medida em que produziu uma filosofia acabada, quase sem mescla

---

[19] A cidade é aqui tomada em seu sentido político global, e não no sentido de urbe.

[20] Agostinho. *A cidade de Deus*, XIV, 28; Bibliothèque Augustinienne 75, p. 465.

[21] Anselmo de Cantuária. *Lettre sur l'incarnation du Verbe. Pourquoi un Dieu-Homme?* Ed. M. Corbin. Paris, Cerf, 1988.

de erros: a filosofia de Aristóteles.[22] Essa filosofia constituiu uma motivação racional para certas heresias. A obra se intitula: *Livro da verdade da fé católica, contra os erros dos infiéis*.

Com o século XVI e a época da Reforma, a teologia foi habitada por um amplo contencioso histórico, que dizia respeito em particular à Igreja. A preocupação de justificação de sua própria Igreja para cada um dos interlocutores como herdeira legítima da Igreja dos apóstolos foi primordial e comprometia a teologia positiva que também marcava a época. Do lado católico, a insistência maior situou-se na visibilidade da Igreja, no cuidado de responder aos reformadores que se faziam de arautos da Igreja espiritual e invisível. O tratado dogmático da Igreja tornou-se praticamente um tratado de apologética. A Igreja católica era a única a verificar as quatro características da Igreja, una, santa, católica e apostólica. Isso deu origem a diversos tratados *Sobre a verdadeira religião*.

Contudo, as mutações devidas aos tempos modernos não se limitaram à controvérsia com o protestantismo. Assistimos nessa época ao nascimento da apologética moderna, ainda muito clássica. Católicos e protestantes partilhavam a preocupação de defender a fé cristã em relação aos "incrédulos". Estes ainda não eram ateus, mas "deístas", ou "a-cristãos". Recusavam a religião revelada e pretendiam se deter na religião natural, descoberta pela razão humana. Admitiam a existência de Deus e sua criação do mundo, mas recusavam qualquer intervenção ulterior de Deus na

---

[22] Cf. A. Gauthier, introdução à edição da *Suma contra os gentios*, livro I. Paris, Lethielleux, 1954, p. 76.

criação. É a fé no grande relojoeiro do mundo. Uma grande onda deísta varreu a Europa a partir da Inglaterra desde o século XVII. Ela repercutiu na França no século XVIII, com Voltaire, Diderot e J.-J. Rousseau. O primeiro tratado em resposta aos "incrédulos" foi o do protestante Hugo Grócio, *De veritate religionis christianae* (1627), seguido daquele de Jacques Abbadie (1684), o *Tratado da verdade da religião cristã*, muito apreciado por Mme. De Sévigné, e que foi mais difundido no século XVIII do que os *Pensamentos* de Pascal. Em seguida, num último momento, as provas da existência de Deus, de sua providência e da imortalidade da alma foram separadas desse conjunto e confiadas aos tratados de filosofia.

Do lado católico, é preciso conferir um lugar especial aos Pensamentos *de Pascal* (publicados em 1670), que nada têm de um manual escolar e que se destacam tanto por sua qualidade literária quanto pela profundidade de sua reflexão. Pascal visa ao mesmo tempo aos ateus de seu tempo, aos deístas, aos pirrônicos, seita cética da qual Montaigne foi o doutor, aos estoicos e, enfim, aos epicuristas. A ordem da apologia querida por Pascal é muito difícil de ser restituída, apesar das muitas tentativas. Pascal é um convertido que faz a experiência de Deus. Ele quer convidar o "libertino" à conversão do coração. Alguns pensamentos permitem elaborar hipóteses:

> Ordem. Os homens têm desprezo pela religião. Odeiam-na, e temem que seja verdadeira. Para curar isso, é preciso começar por mostrar que a religião não é contrária à razão. Em segui-la, que é venerável, respeitá-la. Torná-la, em seguida, amável; fazer que

Introdução à teologia

seja desejável aos bons que ela fosse verdadeira, e, em seguida, mostrar que ela é verdadeira. Venerável, porque ela bem conheceu o homem. Amável, porque promete o verdadeiro bem.[23]

O plano se encontra talvez esboçado no Pensamento 6:

1ª Parte. Miséria do homem sem Deus. 2ª Parte. Felicidade do homem com Deus. De outo modo: 1ª Parte. Que a natureza é corrompida pela própria natureza. 2ª Parte. Que há um Reparador pela Escritura.[24]

Miséria e grandeza do homem: tal é o paradoxo vivo do homem, perdido entre o infinitamente grande e o infinitamente pequeno, ser finito habitado pelo desejo do infinito. Tal é a desproporção e a incompreensibilidade do homem sem Deus. Pascal obriga seu interlocutor a reconhecer que ele vive na vaidade. Ele é também incapaz de alcançar a *verdade*, bem como a *justiça* e a *felicidade*. No entanto, o homem é grande, porque ele tem consciência de sua miséria. O homem tão miserável quanto é grande, quanto maior quando se sente miserável. O homem busca ser feliz pelo divertimento. Mas, fora da fé, ele não tem felicidade. O abismo infinito do coração humano só pode ser preenchido por Deus e pela graça de Deus. Para superar essas contradições, é preciso recorrer à religião, que no mistério mais incompreensível de todos, o do pecado original, nos torna compreensíveis a nós mesmos. A religião ensina três coisas: que há um Deus; que o homem é corrompido;

---

[23] Pascal. *Pensées*. Ed. Lafuma 12; Brunschwig 133 (ed. bras.: *Pensamentos*. São Paulo, Martins Fontes, 2002).

[24] Ibid., Lafuma 6; Brunschwig 60.

41

que Deus é misericordioso em Jesus Cristo. O mistério do homem somente se esclarece no mistério de Deus.

Posição do problema religioso: uma religião que explicasse tudo, não seria mais do que uma filosofia. Uma religião que excluísse a razão, não seria senão uma superstição cega. Uma religião que não mostrasse a verdadeira natureza do homem, que não ensinasse a amar e adorar senão a Deus, que não fornecesse provas históricas de sua veracidade, seria uma falsa religião. O verdadeiro espírito religioso consiste na busca sincera do verdadeiro Deus e de sua verdade. As provas da religião não podem senão ser simultaneamente claras e obscuras.

Jesus Cristo e o Cristianismo, como hipótese, em seguida como fato histórico, fazem o homem compreender a si mesmo e o curam. O homem, perdido entre finito e infinito, não pode nem conhecer a Deus nem se conhecer. A religião de Jesus supera essas dificuldades. O infinito se comunica pela graça de Jesus Cristo e retira o homem de sua miséria. Não conhecemos a Deus senão por Jesus Cristo, o centro de Tudo, e não nos conhecemos a nós mesmos senão por Jesus Cristo. Ele é o sentido do homem. Em Jesus Cristo todas as contradições do homem se dissolvem. Jesus Cristo é a revelação feita por Deus ao homem acerca do homem. A cruz do Cristo exerce aqui um papel essencial: "O que faz crer é a cruz: a cruz é libertação, luz e revelação da ordem da caridade, cura". É a cruz que permite a conversão do coração.

Pascal desenvolve, então, a prova pela historicidade do Cristianismo e se vale do argumento profético recebido da patrística pela teoria das figuras. Ele sublinha a correspondência rigorosa entre Antigo e Novo Testamentos. Múltiplos testemunhos esclarecem a divindade de Jesus, que se mostra na santidade de sua pessoa, que é da ordem da caridade. A história da Igreja é um milagre subsistente. A apologia de Pascal é muito original e tem aspectos muito modernos: ela parte do homem, de seu mistério, de seu desejo, de sua felicidade. Nesse sentido, ela é uma antropologia, que busca "desvendar" a condição humana. Ela se endereça a todo ser humano; apela para a conversão do coração, isto é, para a liberdade e para a graça. Antecipa algumas características do método da imanência de Maurice Blondel. Tem uma grande preocupação com a cura dos infiéis (*irrisio infidelium*) e não quer deixar a demonstração do Cristianismo como algo externo a seu conteúdo.

A Igreja Católica desenvolveu nos séculos XVIII e XIX uma apologética análoga à dos protestantes, com a obra de Luc-Joseph Hoock, *Religionis naturalis et revelatae principia* (1754),[25] e depois com os manuais de Louis Bailly (1771) e de F. L. B. Libermann, cujas *Institutiones theologicae* exerceram uma grande influência nos seminários. A mesma problemática e as mesmas questões são reencontradas nos manuais do século XX, começando em 1940: Tanquerey, Van Noort, Pesch. Apenas integraram a discussão com os grandes pensamentos filosóficos recentes: Kant, Hegel, Schleieirmacher, Darwin, o materialismo, a história das religiões, o protestantismo liberal, o modernismo.

---

[25] 3 v. Paris, Berton, 1774.

Dava-se por adquirido o curso de filosofia escolástica, o valor do conhecimento humano, a existência de um Deus pessoal e criador, a providência e a imortalidade da alma. Propunha-se, então, um tratado da justificação da fé cristã em duas etapas: 1) um tratado da *verdadeira religião*, que expunha a possibilidade e a necessidade de uma revelação positiva e sobrenatural e estabelecia o fato da revelação realizada em Jesus Cristo, sua missão divina, atestada por seus milagres, sua ressurreição e a realização das profecias; 2) um tratado da Igreja, fundada em Jesus Cristo como autoridade doutrinal com suas características próprias, sua hierarquia, seu magistério infalível e a primazia do papa.

Essa apologética clássica é marcada, segundo Henri Bouillard, por três traços principais. Ela é dirigida contra o deísmo, e está consideravelmente em atraso em relação ao ateísmo moderno. Ela pratica, com exceção de Pascal, a separação entre fato e sentido e estima que seja possível estabelecer o fato da revelação de modo independente de seu sentido. Ela não se preocupa em mostrar que a revelação de Deus tem uma relação com as profundas expectativas da humanidade.[26] A prova da revelação é dada por argumentos externos. A inteligibilidade do mistério cristão não intervém em sua demonstração. Enfim, essa apologética pretendia fornecer uma demonstração racional, mesmo científica, da revelação. Ambroise Gardeil falava, assim, em 1905 de um "silogismo cuja premissa maior era uma evidência racional e a menor uma pura constatação do fato, que devia engendrar o assentimento do espírito como sua

---

[26] H. Bouillard. *Vérité du christianisme*. Paris, DDB, 1989, p. 131-147.

conclusão necessária".[27] Em outras palavras, demonstro, em um primeiro momento, que a fé cristã é crível por uma necessidade racional. Em um segundo momento, constato esse fato e digo: creio. Os dois momentos permanecem exteriores um ao outro. Estamos em presença de um racionalismo latente, inconscientemente influenciado pelo racionalismo do Iluminismo. No domínio da história, essa atitude recai num historicismo ingênuo e inaceitável, tal como a pretensão de se dar uma prova "histórica" da ressurreição de Cristo. Os protagonistas dessa teoria não se colocaram a questão de saber por que tal apologética só convencia os crentes e se mostrava inoperante em face dos descrentes. Ela é completamente abstrata e artificial, recai também na "derrisão dos infiéis" que nela viam um vício radical de método. De outro lado, os crentes ficam numa situação incômoda diante do esquecimento da liberdade do ato de fé e da graça, logo, do caráter existencial da fé.

Enquanto essa apologética se constituía e se fixava, o pensamento ocidental se transformava e manifestava uma exigência crítica nova. O século das Luzes reivindica uma autonomia absoluta da razão. Pretende se submeter apenas ao juízo da verdade e do saber. Desde Descartes e Espinoza, a filosofia pretende ter independência em relação à teologia, e quer se conferir um estatuto científico. Mas Kant elabora uma crítica do conhecimento que põe em causa a capacidade da razão humana de fundar no plano ontológico a existência do eu, do mundo e de Deus (*Crítica da razão pura*). Ele também foi o primeiro a querer tornar autônoma a razão prática, a única capaz de encontrar o absoluto por meio do

---

[27] A. Gardeil. *La crédibilité et l'apologétique*. Paris, 1905 e 1912, p. 78ss; 89ss, 228ss.

"imperativo categórico" (*Crítica da razão prática*). Nesse contexto, a ideia de revelação histórica de Deus ao ser humano aparecia como inadmissível. A religião deve se fundar sobre a razão. Tal é o sentido da célebre obra de Kant, *A religião nos limites da simples razão*, de 1796.[28] Kant continuou sendo um espírito profundamente religioso, que tentava encontrar pela razão o conteúdo da mensagem da fé. Sua filosofia pretende homenagear a religião esclarecendo-a pela razão. Ela deve, portanto, submeter à crítica da razão as proposições teológicas prescindindo da revelação, ou seja, a religião positiva.

O século XIX assistiu à emergência do tema da morte de Deus, por meio de um texto de Jean-Paul Richter, conhecido na França pela tradução feita por Madame de Staël. O poeta colocou esta afirmação na boca do Cristo, morto e desesperado por ter percorrido os abismos do mundo sem ter encontrado a Deus: "Do alto do edifício do mundo, o Cristo morto declara que não há Deus".[29] Para o poeta, essa tomada de consciência é um pesadelo e uma vertigem. Ela retorna na boca de Friedrich Nietzsche e de Sigmund Freud. Para eles, a ideia de Deus é uma projeção em um mundo absoluto e ideal dos valores que o homem busca e que ele não pode realizar em sua vida. Para suportar sua existência, alienou-se diante de um deus que ele fabricou. É preciso libertar o homem de sua ilusão e lhe ensinar a não contar senão consigo

---

[28] I. Kant. *La religion dans les limites de la simples raison*. Trad. L. Gallois. Paris, Garnier, 2015 (ed. bras.: *A religião nos limites da simples razão*. Petrópolis, Vozes, 2019).

[29] Jean-Paul. *Siebenkäs* (1796) "Primeiro fragmento de arte floral", trad. por Madame de Staël em *De l'Allemagne*, Paris, Flammarion, s. d., p. 71, t. 2 (ed. bras.: *Da Alemanha*, São Paulo, Editora Unesp, 2016).

mesmo para construir seu próprio mundo. O ateísmo difunde-se de maneira virulenta ao longo do século XIX. A apologética cristã, sempre construída como uma resposta ao deísmo, sofre de um grande atraso. Ela não reconhecerá o início do ateísmo na cultura moderna senão no século XX.

Podemos falar, contudo, de uma apologética romântica com o *Gênio do Cristianismo* de Chateaubriand.[30] É uma apologética do sentimento, que pretende pôr em relevo "as belezas poéticas e morais da religião cristã". A obra conheceu um grande sucesso em seu tempo, mas argumenta pouco. No plano propriamente teológico intervém de maneira nova a escola de Tübingen na primeira metade do século XIX, com o livro original de Johann-Sebastian Drey, *A apologética como demonstração científica da divindade do cristianismo em sua aparição*.[31] Drey reconhece que a apologética em seu tempo ainda não clarificou um conceito de si mesma, comumente definido e recebido. Newman, por sua vez, engajou-se com seu grande livro *Gramática do assentimento* e restabeleceu o lugar devido aos elementos da subjetividade e da experiência na psicologia do ato de fé. Mas seu maior problema apologético foi o discernimento da verdadeira Igreja, que lhe fez passar da convicção anglicana ao catolicismo.

No final do século XIX, o filósofo cristão Maurice Blondel (1861-1949) propõe uma reflexão nova com sua tese sobre *A ação*

---

[30] François-René de Chateaubriand. *Le Génie du christianisme*, 1802, 5 v.

[31] J.-S. Drey. *L'Apologétique comme démonstration scientifique de lá divinité du christianisme dans sa manifestation* (1838-1847). I: *La philosophie de la révélation*; II: *La religion dans son développement historique et son accomplissement dans la révélation en Christ*; III: *La révélation chrétienne dans l'Église catholique*.

(1893).[32] Merece ser aqui destacado, dada sua influência decisiva sobre teólogos como Henri de Lubac, Yves de Montcheuil, Henri Bouillard, Henri Duméry e Karl Rahner no início do século XX. Ele se situa igualmente na época em que a apologética dá lugar à teologia fundamental.

O ponto de partida de sua reflexão considera o lugar intrínseco da verdade e da história na fé cristã. Blondel pratica o método da imanência – que não deve ser confundido com a doutrina da imanência –, ou seja, a análise de tudo o que está implicado na experiência humana. Ele detecta na ação humana a primazia da "vontade desejante" sobre a "vontade desejada". A segunda constitui o objeto concreto de nosso desejo, de nossa ação e de nossos projetos. A primeira é o dinamismo de superação constante que anima o homem pela realização de seus desejos. O movimento espontâneo do querer deixa sempre o homem insatisfeito e buscando mais. Há, portanto, uma espécie de dialética entre esses dois momentos de nossa vontade. *A ação* descreve esse itinerário de superação constante entre uma e outra e examina o desejo completo do homem até sua realização no "sobrenatural", que Blondel considera como indispensável ao mesmo tempo que inacessível ao ser humano. Os filósofos reprovaram em Blondel a passagem da filosofia à teologia e os teólogos a pretensão de deduzir o sobrenatural.

Em 1896, Blondel publica sua carta sobre a apologética intitulada: *Carta sobre as exigências do pensamento contemporâneo em matéria de apologética e sobre o método da filosofia no estudo do*

---

[32] M. Blondel. *L'Action* (1893). Paris, PUF, 1950.

problema religioso.[33] Em primeiro lugar, critica severamente a insuficiência filosófica dos métodos em uso na teologia. "O importante não é falar para as almas que creem, mas dizer algo relevante para os espíritos que não creem".[34] Diz ainda: "Nos esgotamos em reiterar argumentos conhecidos, em oferecer um objeto, enquanto que é o sujeito que não está disposto".[35] Ao termo de uma análise negativa das diversas formas de apologética contemporânea, Blondel faz se estilhaçar o famoso silogismo da apologética:

A razão demonstra a existência de Deus. Esse Deus se revelou. A história prova o fato da revelação; ela prova também a autenticidade dos livros sagrados, a autoridade da Igreja. O catolicismo se encontra, portanto, estabelecido numa base racional verdadeiramente científica.[36]

Propõe, então, o método da imanência como único apropriado para circunscrever a questão propriamente filosófica do problema religioso.

O século XX conheceu, neste novo espírito, muitos ensaios de teologia fundamental. Na conferência inaugural de seu ensino na faculdade de teologia de Lyon, Henri de Lubac expõe um verdadeiro manifesto em vista da renovação da teologia fundamental. Hans Urs von Balthasar engaja-se no mesmo trabalho com a

---

[33] M. Blondel. *Lettre sur les exigences de la pensée contemporaine...*; *Histoire et dogme.* Paris, PUF, 1956.

[34] Ibid., p. 7.

[35] Ibid., p. 30.

[36] Ibid., p. 26-27.

Bernard Sesboüé

estética teológica, Paul Tillich com o método da correlação e Karl Rahner com a antropologia transcendental. O termo justificação da fé é muito presente no *Curso fundamental da fé*[37] de Karl Rahner, que pretende dar razão da fé "em um primeiro nível de reflexão". O teólogo quer responder à questão: É possível crer hoje com toda a honestidade intelectual? Trata-se aqui do *todo* do Cristianismo na medida em que ele engaja o *todo* do ser humano, e da correlação entre esses dois *todos*. A análise do ser humano como ser de transcendência, isto é, como ser que é habitado por uma superação perpétua de si mesmo; e vemos aí uma influência de Blondel. A resposta faz em algum sentido que se coloque a fé diante do tribunal da razão. Isso deve ser bem compreendido, pois a razão deve também se abrir à racionalidade superior da fé, além de qualquer racionalismo. Rahner pretende chegar a "uma unidade muito específica de teologia fundamental e dogmática, (...) da justificação fundamental da fé e da reflexão sobre o conteúdo dessa fé".[38] A apologética, e mais tarde a teologia fundamental, empreenderá uma reflexão de fronteira entre filosofia e teologia. O Cristianismo não pode recair no fideísmo.

5. A teologia moral

A mensagem cristã está a serviço de uma vida. O Cristianismo é um "caminho", o "caminho do Cristo". A fé deve animar um agir. O grande mandamento do amor não pode ficar apenas

---

[37] K. Rahner. *Traité fondamental de la foi*. Paris, Centurion, 1983.

[38] Ibid., p. 24. Retornarei a Balthasar e a Rahner na análise das grandes teologias dogmáticas do século XX, cf. infra.

Introdução à teologia

nas palavras, pois o amor se mede pelos atos. A Igreja é sempre submissa ao Decálogo e o Evangelho constitui a "nova lei". Esse aspecto essencial da mensagem cristã está presente, desde as origens, na busca que confere progressivamente consistência à teologia dogmática. Mas, durante longos séculos, a dimensão moral ou ética do Cristianismo foi gerada no quadro da teologia dogmática. Os padres da Igreja não a distinguiam formalmente da exposição sobre a fé, nem da espiritualidade. Essa situação não impediu Santo Agostinho de se tornar um grande moralista, cuja influência será considerável no Ocidente. As grandes *Sumas teológicas* medievais já formalizaram os problemas de moral num certo número de questões, e a passagem da dogmática à moral era espontânea e permanecia interna à teologia dogmática. Isso correspondia à exposição *fides et mores*,[39] que resumia o domínio teológico, os *mores* representando não apenas a vida moral, mas também a vida sacramental e litúrgica da Igreja. A Idade Média não conhecia a distinção que fazemos entre o dogma e a moral.

Os tempos modernos e o desenvolvimento cada vez mais complexo da vida em sociedade conduziram a uma multiplicação de problemas, tanto no domínio social quanto no da vida pessoal. De outro lado, o domínio ético que, até então, não havia dado lugar a numerosas intervenções magisteriais, torna-se agora objeto de um ensinamento e de decisões cada vez mais numerosas. Pode-se falar dessa época de uma verdadeira "dogmatização" do domínio moral. Por isso, a teologia moral saiu de sua matriz dogmática para se constituir como disciplina autônoma e formular seus tra-

---

[39] Cf. P. Fransen. A shot History of the Meaning of the Formula *"Fides et Mores"*. In: *Hermeneutics of the Councils and Other Studies.* Louvain, Peeters, p. 287-318.

tados originais. Pode-se datar essa evolução no século XVII, com o desenvolvimento da casuística e de manuais, como o de Juan Azor, *Instituições morais,* em que são tratadas todas as questões para se ter clareza de uma consciência reta e clara dos fatos. No século XVIII, Santo Afonso de Ligório foi um grande agente dessa autonomia da moral com a formulação da casuística e o fim do rigorismo dominante.

A partir do século XIX, coloca-se a questão do fundamento filosófico e teológico da moral, o magistério se apoia não somente na Escritura, mas também sobre a lei e o direito naturais. A moral fundamental faz nascerem dois domínios privilegiados de moral especial: a moral social, que culmina em 1891 com a encíclica de Leão XIII, *Rerum novarum* e com a grande série de encíclicas sociais do século XX, e, de outro lado, a moral sexual e conjugal. A teologia moral é hoje uma disciplina muito viva, não desprovida de dificuldades reais, sempre nesses dois domínios privilegiados. O manual de Bernard Häring, *A lei de Cristo,*[40] foi durante muito tempo autoridade na matéria.

6. O direito canônico

Toda sociedade organizada deve poder se referir a um direito. Para que possa funcionar, mesmo a menor sociedade constitui para si uma carta normativa cujos artigos se impõem a todos os seus membros. Assim também ocorre com a Igreja desde suas origens. Desde que os primeiros sínodos locais se reuniram, con-

---

[40] B. Häring. *La loi du Christ*. Paris, Desclée, 1959, 3 t. (ed. bras.: *A lei de Cristo*. São Paulo, Herder, 1960).

Introdução à teologia

frontaram-se com diversos problemas, doutrinais ou práticos, que ultrapassam os limites de cada Igreja diocesana e para os quais uma decisão comum e normativa para todos se impõe. Porque a Igreja está construída sobre três princípios complementares, o princípio comunitário, o princípio sinodal e o princípio pessoal. Desde o século II, sínodos locais ou regionais se reuniram e tomaram, por uma votação que se desejava unânime, uma decisão que teria valor de regra para todos, isto é, um *canôn* em grego. Esse termo aparece já no Novo Testamento sob a pena de Paulo: "Àqueles que se conduzem segundo esta regra [*cânon*], paz e misericórdia, assim como para o Israel de Deus". Trata-se aí da liberdade em relação à circuncisão (cf. também 2Cor 10; 13; 15; 16). Os termos "cânon" e "cânones sagrados" difundem-se no Oriente e no Ocidente. O objeto da decisão podia ser de ordem dogmática, litúrgica ou disciplinar. Quando os concílios ecumênicos, possibilitados pela conversão do Império, apareceram, a partir do século IV, votaram em cânones cuja autoridade foi reconhecida como definitiva, pois os cânones universais gozam sempre de maior autoridade. Os papas também podiam emitir cânones. Com o tempo e por acumulação empírica, coleções de cânones se constituíram na Igreja e tornaram necessária sua interpretação por entre as vicissitudes da vida. Essa elaboração não se faz sem alguns contatos com os direitos civis, em particular o direito romano.

A fonte desses cânones provém da Escritura, mas também de princípios éticos da lei e do direito natural ou divino para as coisas mais importantes. Eles concernem à constituição da Igreja, mas também à boa ordem das comunidades, em particular da administração dos sacramentos, o direito matrimonial e clerical.

Há, portanto, no direito canônico domínios irreformáveis, mas também decisões de papas ou concílios que podem ser sujeitas à mudança, tanto no que concerne ao direito público quanto privado.

Na história, alguns períodos foram particularmente fecundos para o desenvolvimento do direito canônico, e já na Idade Média, nos séculos XII e XIII, com a elaboração das grandes coleções, como o *Decreto de Graciano* (1140) e as *Decretais* de Gregório IX (1234). As decisões disciplinares do Concílio de Trento transformaram profundamente a ciência canônica. O fim do século XVII e do século XVIII foram também tempos de trabalho canônico intenso, com os novos métodos empregados e um ensino generalizado da disciplina. Em 1917, o Papa Bento XV decide por uma ordenação das coleções canônicas sob a forma do *Codex Juris Canonici*, de uso mais prático. A reforma desse direito pertence ao projeto conciliar de João XXIII. Sua realização levou tempo e foi promulgada em 1983 pelo Papa João Paulo II.

O direito canônico sempre foi considerado na Igreja como uma ciência sagrada e uma disciplina propriamente teológica. Tem uma afinidade particular com a teologia moral. Seu ensino era considerado obrigatório para os responsáveis pela Igreja e para os clérigos, mas jamais fez parte da teologia dogmática propriamente dita. Ele constituía uma disciplina autônoma, sempre ensinada à parte, mas dependente fundamentalmente da dogmática, da qual tomava seus princípios fundamentais.

7. Teologia ascética e mística ou teologia espiritual

Em sua origem, a teologia dogmática é também prece e liturgia. O sentido cristão do teólogo nunca esteve distante daquilo que ele escreve, a ponto de que a menção de uma proposição herética

Introdução à teologia

no curso de uma argumentação o faz hesitar, pois ele estima não ter sequer o direito de formulá-la. A exposição técnica da fé permanece um ato que glorifica a Deus. Os padres da Igreja não fazem a distinção, que se imporá à escolástica, entre teologia dogmática e teologia espiritual. Eis por que Santo Inácio dizia que os doutores positivos tinham o dom "de mover o coração a em tudo amar e servir a Deus, nosso Senhor".

A teologia espiritual durante muito tempo foi chamada de "teologia ascética e mística". Ela nasceu entre os padres do deserto com a figura de Santo Antão (251-356), anacoreta egípcio. Ela produziu dois grandes legisladores da vida cenobítica, Basílio Magno, no Oriente, e Bento de Núrsia (480-cerca de 547), autor da regra beneditina. Desenvolveu-se ao longo da Idade Média, enquanto a teologia dogmática tomava uma configuração "científica". Toda uma literatura, simultaneamente teológica e espiritual, foi construída em paralelo com a dogmática, em geral provinda dos mosteiros e conventos. Ela tratava de tudo aquilo que diz respeito à nossa relação com Deus e à pedagogia que lhe diz respeito. Trata-se das grandes vias, purgativa, iluminativa e unitiva do itinerário para Deus, de tudo o que concerne às etapas do amor para com Jesus Cristo. Diversas escolas se distinguiram segundo suas particularidades: Bernardo de Claraval (1090-1153) e sua posteridade monástica; A teologia mística de Gerson (1402-1408); as diversas comunidades beguinas da mística renano-flamenca (*devotio moderna*), cujos líderes, os dominicanos Mestre Eckhart (1260-1327) e J. Tauler (1300-1361), depois Ruysbroeck (em torno de 1293-1381), serão contestados durante certo tempo; a escola carmelita com São João da Cruz (1542-1591) e Santa Teresa d'Ávila (1515-1582) e seu

Bernard Sesboüé

renascimento moderno em Santa Teresa do Menino Jesus (1873-1897); em seguida, Santo Inácio de Loyola (1491-1556), com seus *Exercícios espirituais* e a tradição inaciana que floresceu no século XVII (L. Lallemant, J.-J. Surin, J. Rigoleuc); no final do mesmo século, a doutrina do amor puro em Fénelon e Madame Guyon. A tradição da teologia espiritual permaneceu viva até nossa época e conheceu uma renovação no século XX (H. de Lubac, H. Urs von Balthasar, J. Daniélou, V. Lossky). Muitos autores da teologia espiritual receberam o título de doutores da Igreja. A dimensão espiritual, vinda principalmente da leitura da Escritura, deve ser a alma de toda teologia.

8. A história da Igreja

A história da Igreja encontrou sua primeira expressão no livro dos Atos dos Apóstolos. Ela está evidentemente em comunicação direta com a eclesiologia e a apologética, e sempre foi considerada como uma disciplina teológica. Desde a época patrística, grandes autores se dedicaram a escrever essa história, como Eusébio de Cesareia,[41] cuja obra foi traduzida em latim por Rufino de Aquileia, e ainda Sócrates, Sozomeno, Teodoreto de Ciro e Filóstorgo, que tem um ponto de vista ariano. Esse trabalho, sempre ativo ao longo da Idade Média, tem uma vida nova com o humanismo do Renascimento. Uma tomada de consciência nova busca, então, detectar os erros históricos, muito facilmente transmitidos no passado. A interpretação da história foi também objeto de um grande debate entre católicos e protestantes sobre a questão da verdadeira

---

[41] Eusébio de Cesareia. *Histoire ecclésiastique*; SC 73 sq. Paris, Cerf, 1960.

Igreja. O século XVII, à parte o apologista Bossuet, foi o tempo de nascimento de uma história resolutamente crítica, de edições já científicas dos textos antigos (com os mauristas) do trabalho sem indulgência dos bolandistas sobre a vida dos santos, e da importante obra de Sébastien Lenai de Tillemont (1637-1698).[42] Tais exigências se amplificaram nos séculos XVIII e XIX, quando a história se erige como nova ciência. A história da Igreja foi então habitada por uma tensão crescente entre as exigências da crítica científica e a fidelidade ao ensinamento dogmático da Igreja, que não havia sido suficientemente sensível a tais problemas. Essa tensão está sempre presente, pois a dupla referência da história da Igreja à história e à teologia a constitui. Mas ela se apaziguou sensivelmente na medida em que a Igreja melhor aceitou a necessária distância entre os dados históricos e os da fé, e em que, por sua vez, a história se fez mais modesta e refinou de modo considerável suas interpretações.

9. Da teologia pastoral à teologia prática

A teologia prática recentemente tomou o lugar da teologia pastoral. Mas, por trás da mudança de nome, reside também um problema de mudança de conteúdo. Em nossa sociedade, amplamente marcada pelas atividades cristãs provindas das paróquias, das revistas e dos movimentos da ação católica e das numerosas formas de apostolado dos jovens, não havia necessidade senão de uma adaptação da teologia clássica. O que se exprime hoje por meio do vocabulário da teologia prática é algo bem diverso.

---

[42] Sébastien Lenain de Tillemont. *Mémoires pour servir à l'histoire ecclésiastique des six premiers siècles*, 15 v., de 1693 a 1712.

A teologia se interessa forçosamente pela prática, porque a fé é uma vida que anima todo um conjunto de atividades, litúrgicas e sacramentais, éticas, tanto no plano pessoal quanto no social. Além disso, essa vida concerne a todo exercício da caridade pertencente à missão da Igreja. Ela sempre foi preocupação da teologia. Mas a cultura dos tempos modernos conduziu a uma concepção diferente e nova da relação entre teoria e prática. A referência moderna à *práxis* é muito presente no termo *prática*, de maneira simbólica, com todos os seus desenvolvimentos filosóficos e culturais. A expressão "teologia prática" já está presente em Lutero e a teoria foi proposta uma primeira vez por Friedrich Schleiermacher (1768-1834). A prática pertence ao domínio do conhecimento e domina a teoria, pois esta deve se pôr a serviço de uma prática crente autêntica.[43] Ela é também particularmente valorizada e pertence cada vez mais ao projeto teológico contemporâneo, mesmo que suas realizações sejam ainda modestas. Os grandes teólogos do século XX, em particular os protestantes, a consideraram (W. Pannenberg, J. Moltmann, e K. Rahner do lado católico) e vários outros tentaram praticá-la (G. Casalis, G. Otto, G. Defois, J. Audinet).[44]

A teologia prática considera de modo prioritário o sujeito pessoal e coletivo do anúncio da fé, isto é, sua recepção concreta e sua realização. Ela se comunica de modo evidente com o conjunto das outras disciplinas teológicas, em particular com a ética e as

---

[43] A filosofia blondeliana da *A ação* pode ser posta em correspondência com o que se busca na teologia prática.

[44] Cf. René Marlé. *Le projet de théologie pratique*. "Le poit théologique 32". Paris, Beauchesne, 1979. Id. *Essais de théologie pratique. L'institution et le transmettre*. "Le point théologique 49." Paris, Beauchesne, 1988.

Introdução à teologia

teologias contextuais, que serão em breve abordadas, e também amplamente com as ciências humanas. Seu projeto não se quer reduzir a ser apenas uma subdivisão da ciência teológica, pois ela pretende remodelar o conjunto da teologia dogmática. O tecido social do povo crente que transformou a Igreja de modo considerável não é mais capaz de enquadrá-lo de modo concreto por seus ministros e suas obras. O agir das comunidades cristãs e sua maneira de viver a fé, de exprimi-la, de traduzi-la em uma rede de prioridades e de atividades se inscrevem em uma perspectiva muito diversa. Sua intenção última seria reconsiderar o campo mesmo da teologia e a remodelar em função de urgências diferentes e novas. A teologia prática manifesta a preocupação de elevar ao estatuto propriamente científico uma reflexão que até então parecia se contentar com diversas adaptações pedagógicas para a população dos fiéis. Esta é uma disciplina, com efeito, teórica, que busca preencher o vazio que se introduziu entre as teologias tradicionais e a vivência eclesial. Ela entende se tornar mais próxima da experiência das inumeráveis comunidades cristãs. Ela se interessa pela recepção concreta da mensagem cristã pelo povo de Deus. Trata-se de uma reflexão sobre a prática da fé nas comunidades cristãs, em uma época em que os agentes de pastoral são cada vez mais raros e em que a função da catequese é cada vez mais confiada aos leigos. O ensino da fé não pode mais proceder segundo os métodos antigos, como se fosse apenas a transmissão de um saber, sendo os outros aspectos da formação cristã adquiridos espontaneamente. É o gosto de Deus e de seu Cristo que se trata de dar, é uma maneira de existir que é preciso suscitar à luz do Evangelho.

Dito isso, as formas de teologia prática podem ser bem variadas, conforme as escolas: alguns se pretendem empíricos, perma-

59

necendo na herança da teologia pastoral e se debruçando sobre problemas de prática cristã concreta. Por exemplo, a multiplicação dos casais cristãos que não passam mais pelo matrimônio põe um problema específico à teologia prática. Outros têm uma pretensão especulativa e científica infinitamente mais forte e se apresentam como simplesmente teologia.

10. As teologias contextuais

Até aqui, o desenvolvimento da teologia, discurso sobre Deus por si único, em diversas teologias operou-se pelo desenvolvimento de um conteúdo particular, tornado importante na vida da Igreja, mas sempre em relação com a afirmação fundamental da fé. Hoje, algumas teologias sublinham sua originalidade a partir da particularidade subjetiva que afeta tais ou tais grupos de comunidades pertencentes ao povo cristão. A diferença não recai mais sobre um objeto particular da fé, mas sobre *sujeitos* particulares que demandam serem ouvidos e compreendidos em sua originalidade, em razão dos dramas de sua história e de sua situação presente.

Muitas dessas teologias têm uma diferença geográfica e exprimem a saída da reflexão teológica do mundo europeu. Trata-se das teologias da libertação, desenvolvidas no continente latino-americano, oficializadas em Medellín, em 1972, e confirmadas em Puebla, em 1979, que animaram a crônica eclesial e mesmo provocaram reações romanas na segunda metade do século XX. Nelas se reprovava sobretudo a utilização da filosofia marxista. Podemos nomear aqui os nomes de J. L. Secundo, G. Gutierrez, L. Boff, J. Sobrino, dentre outros. As teologias africanas mais recen-

Introdução à teologia

tes (Kinshasa, 1968, com Th. Tshibangu, J.-M. Ela) são também fortemente habitadas pela preocupação com a inculturação e com a libertação e o desejo de dar culturalmente um lugar à "alma africana" e a sua "visão de mundo". As teologias asiáticas com R. Pannikar, M. Amaladoss, S. Samartha, Aloysius Pieris e seus êmulos americanos, J. Hick e P. Knitter, são, por sua vez, muito preocupadas com o diálogo com as grandes religiões tradicionais da Ásia. São engajadas na questão da unicidade do Cristo em relação às outras religiões. Em que medida a afirmação cristã da mediação única de Cristo para a salvação de todos os homens pode abrir espaço ao respeito da autenticidade de outras vias religiosas? Todas essas teologias consideram amplamente o passado colonial de muitas dessas regiões, que herdaram sequelas de sofrimentos e de humilhações antigas e sofrem a grave injustiça que preside a distribuição econômica dos bens no mundo e as mantém ainda hoje em uma situação de dependência em relação ao Ocidente. É por isso que o tema da libertação é tão dominante em sua preocupação. Essas teologias querem se construir a partir do ponto de vista das vítimas (J. Sobrino) e dos pobres, com grande atenção à *práxis*, que pode permitir uma transformação da realidade.[45]

De um horizonte diferente, mas com a mesma preocupação com os humilhados, os esquecidos e os sofredores, manifestou-se a partir de 1965 a teologia feminista, no signo do movimento feminista geral. Essa teologia protesta contra uma forma de alienação da metade feminina da humanidade que, em razão de seu sexo, encontra-se submissa ao poder dos homens e com frequência

---

[45] Cf. J. Dupuis. *Jésus-Christ à la rencontre des religions*. Paris, Desclée, 1989. Id. *Vers une théologie chrétienne du pluralisme religieux*. Paris, Cerf, 1997.

ocupa a situação de vítima. A teologia feminista tenta corrigir o testemunho julgado patriarcal da Escritura e reprova na Tradição cristã uma forma inconsciente de machismo que inscreve a discriminação das mulheres mesmo nas imagens de Deus e da fé, enquanto a pregação de Jesus e de Paulo ensinam uma estrita igualdade entre o homem e da mulher.[46]

***

Esse breve quadro das diferentes especialidades provindas da matriz teológica não se pretende exaustivo. A multiplicação poderia conduzir-nos quase ao infinito. Seria preciso, por exemplo, mencionar também o capítulo da *Teologia política*, não mais ocupada primordialmente com o problema institucional das relações entre as Igrejas e os Estados, mas tornada hoje um tratado de antropologia social cristã que possui vínculos com a teologia prática; ou as teologias caracterizadas pelo emprego de um método que lhes é próprio, como a *Teologia dialética* ou a *Process theology*. Tal como é, esse capítulo pretende introduzir à consideração situada do que é e deve ser a teologia dogmática.

---

[46] Cf. E. Schüssler-Fiorenza. *En mémoire d'elle: essai de reconstruction des origines chrétiennes selon la théologie feministe*. Paris, Cerf, 1986.

CAPÍTULO II

Breve história das palavras: dogma

I. A palavra dogma

O termo "dogma", *dogma* em grego, está vinculado ao verbo *dokeo*, que significa ao mesmo tempo "parecer, aparecer"[1] ou "pensar" e "crer", a partir do que "julgar bom" e "decidir". Dois substantivos são ligados ao verbo, pouco diferentes de início, mas que progressivamente se distinguiram em duas significações diferentes. O termo *doxa* tem o sentido de "opinião", enquanto que *dogma* herdou duas significações: "parecer", "opinião" – e nessa linha "doutrina filosófica" (de onde se torna próxima na tradição filosófica grega de *hairesis*, "heresia") – ou "decisão", "decreto", "base", traduzidos em latim por *decretum*. Evoluiu, por meio do

---

[1] O docetismo, desse modo, é toda doutrina que atribui à humanidade do Cristo apenas a aparência de um corpo.

sentido de opinião técnica ou profissional do médico ou do físico, para a segunda significação de "decisão", "decreto", "base legal", com sua conotação jurídica evocando uma normatividade.

Na tradução grega dos Setenta, o termo "dogma" designa um decreto ou uma prescrição legal (sentido jurídico), tanto no domínio profano quanto no domínio religioso. No Novo Testamento encontramos cinco vezes esse termo no sentido de edito imperial (o de César Augusto no momento do nascimento de Jesus, em Lc 2,1; cf. At 17,7; Hb 11,3), ou de ordenação da Lei (Ef 2,15; Cl 2,14). O exemplo mais significativo é o da decisão tomada pelo concílio de Jerusalém de não impor aos pagãos convertidos as observâncias da Lei judaica. O verbo "decidir" aparece primeiro (*edoxen* – At 15,28) e o termo "decisão" (*dogma* – At 16,4) inscreve-se nas cartas de transmissão da mesma decisão. Essa decisão, capital para o futuro do Cristianismo, pode também reivindicar ser o primeiro "dogma" definido pelo "concílio"! O sentido do termo ainda não é aquele que terá no futuro, pois se trata de uma decisão antes de tudo disciplinar, mas cujas consequências têm um peso fortemente doutrinal, como o mostra todo o debate que ocorrerá entre judeus e cristãos, pois se trata do reconhecimento da fé no Cristo como fundamento de nossa salvação e, portanto, da relação entre a Lei e o Evangelho. A Igreja é, assim, autorizada a considerar, na potência do Espírito Santo, que lhe foi dada uma decisão grave e definitiva.

Esses poucos empregos mostram que o termo "dogma" foi compreendido e utilizado no sentido de *decisão*. Mas o vocábulo não é de modo algum dominante no *corpus* neotestamentário.

Os padres da Igreja guardam em geral certa distância da palavra. Encontramo-la uma vez na *Didakhé* ("os dogmas do

Evangelho", 11,3), em Clemente de Roma (27,5) e em Inácio de Antioquia ("os dogmas do Senhor", *Aos magnésios*, 13,1), várias vezes na *Epístola de Barnabé* (I, 6; 9,7; X, 1,9) no sentido de *preceito*, *mandamento* ou *ensinamento normativo*. Esse termo foi adotado, em seguida, em sentido de *posição doutrinal*, isto é, que cada escola filosófica exprimia suas posições para se definir, em Justino, Taciano, a *Epístola a Diogneto*, Clemente de Alexandria, Orígenes (os "dogmas de Deus", *Comentário sobre Mt*, 12,23) e Eusébio de Cesareia ("os dogmas da Igreja", *HE* 3, 26,4). Mas ele designa também com frequência as doutrinas heréticas como em Irineu. Cirilo de Jerusalém, Gregório de Nissa e Cirilo de Alexandria empregam a palavra em relação à doutrina da fé em sua oposição à doutrina moral.[2] Mas o lugar do termo não é de modo algum central. É ainda menos no Ocidente. A palavra é ausente em Tertuliano e Cipriano, assim como mais tarde em Ambrósio, Agostinho, Papa Leão e Gregório Magno. Mas encontra-se em Jerônimo e Rufino. A consideração do que se tornará dogma assume um lugar mais importante em Vicente de Lérins com seu *Commonitorium*, e em Genado, que escreveu o *De ecclesiasticis dogmatibus*.

Vicente, monge de Lérins (morto antes de 450), escreveu em 434, com o pseudônimo de *Peregrinus*, o Peregrino, um *Commonitorium*, isto é, um *"vade-mécum"*, no qual ele pretendia opor a doutrina católica em seu valor universal às novas heresias. É um "discurso do método", que permite um discernimento da verdadeira fé. Em sua investigação, ele antecipa o sentido que terá a palavra "dogma" na modernidade. Ele é também o autor do

---

[2] W. Kasper. *Dogme et Évangile*. Tournai, Casterman, 1967, p. 31, no qual inspiro-me aqui.

cânone leriniano, vulgarizado com o slogan: "O que é crido em toda parte, o que sempre foi crido, o que é crido por todos" (*Quod ubique, quod semper, quod ad omnibus*).

Na Igreja Católica, diz ele, é preciso velar cuidadosamente para se guardar o que foi acreditado em todos os lugares, sempre e por todos. Pois é verdadeira e propriamente católico, como mostra a força e a etimologia da própria palavra, a universalidade das coisas. E será assim, se seguirmos a universalidade, a antiguidade, o consenso geral.[3]

A unanimidade ou a quase unanimidade dos doutores e teólogos, na medida em que são os testemunhos da fé do povo de Deus, no ato da Tradição, é então o grande critério: "O que eles nos transmitiram, após ter recebido da Tradição e terem eles mesmos conservado, isso dever ser considerado indubitável, certo e verdadeiro".[4] O grande critério, portanto, é aquele da universalidade, traduzindo-se em unanimidade, que corresponde ao adjetivo *católico*. O termo "dogma" é empregado 33 vezes por Vicente de Lérins, o que é muito considerável, sem, entretanto, dominar a reflexão: *dogma divinum* (cap. 22, 29), *caeleste* (cap. 4, 21), *ecclesiasticum* (cap. 25), *catolicum* (cap. 18, 20, 28, 29), por vezes no sentido de *novum dogma* (isto é, "dogma falacioso", cap. 4, 9, 10, 18). "A Igreja de Cristo, leal e prudente guardiã dos dogmas, cujo depósito lhe foi confiado, jamais muda nada. Ela não os diminui

---

[3] Vicente de Lérins. *Commonitorium*. In: *Tradition et progrès*, trad. P. de Labriolle. "Les Pères de la Foi." Paris, DDB, 1978. Esse cânone deve ser bem compreendido, pois ele evidentemente tem seus limites. Vicente o comenta usando diferentes exemplos. Ele reconhece a necessidade de um progresso na fé, mas ele o enquadra de maneira mais estrita.

[4] Vicente de Lérins. *Commonitorium*, op. cit., cap. 28, p. 93.

Introdução à teologia

nem aumenta."[5] O autor é muito conservador e recusa as novidades heréticas, embora admita a possibilidade de um progresso, mas com a condição de "que permaneça sem corrupção e intocado, que seja completo e perfeito em todas as dimensões de suas partes. (...) Ele não admite nenhuma alteração, nenhuma violação de seus caracteres específicos, nenhuma variação naquilo que o definiu".[6] O dogma, portanto, é irreformável, o que muito o aproxima de sua definição moderna. A obra de Vicente de Lérins permanece desconhecida durante a Idade Média. Os escolásticos a ignoram. Mas, no século XVI, com a imprensa foi possível ser redescoberta. As edições se multiplicaram e esse texto servirá de referência para numerosos debates entre protestantes e católicos.

De outro lado, a obra do contemporâneo de Vicente, Genado (morto em torno de 492-505), padre de Marselha, intitulada *Liber sive deffinitio ecclesiasticorum dogmatum*, ou *Liber de ecclesiasticis dogmatibus*,[7] que a Idade Média atribuía a Agostinho ou a Isidoro de Sevilha, exerce uma influência importante sobre os grandes escolásticos, Pedro Lombardo, Tomás de Aquino e Boaventura. Essa pequena coletânea de 88 capítulos breves é também um compêndio das grandes afirmações da fé católica, rejeitando com precisão as grandes heresias históricas. Considera os sacramentos e a moral. Mas o termo "dogma" não está presente senão em seu título e no capítulo 42; o livro não terá, portanto, influência sobre o vocabulário da escolástica. A palavra "dogma" ainda não ocupa senão

---

[5] Ibid., cap. 25, p. 79.

[6] Ibid., cap. 23, p. 77.

[7] *Livro ou definição dos dogmas da Igreja*, ou *Livro dos dogmas da Igreja*, P.L. 58, col. 979-1000.

Bernard Sesboüé

um lugar insignificante na teologia medieval, que preferia falar de *artigos de fé*, para exprimir os pontos obrigatórios da fé católica, que são verdades divinas e necessárias à salvação. Os *artigos de fé*, segundo São Tomás, são verdades reveladas pela Escritura. Sua ordenação considera primeiro o que concerne à majestade divina e, em seguida, o mistério da humanidade de Cristo. Os artigos de fé têm uma importância capital para a vida de fé e o acesso do homem a seu fim último, a visão beatífica. Eles pertencem originalmente ao símbolo de fé.[8] Esses artigos constituem também os primeiros princípios da ciência teológica.

No século XVI, o *Commonitorium* de Vicente de Lérins ressurge. Ele serviu de argumento de base nos debates teológicos entre católicos e protestantes. Progressivamente, o termo "dogma" substitui o uso da expressão "artigo de fé" e retoma seu significado. No Concílio de Trento, esse termo guarda um sentido muito global. Temos prova disso na maneira pela qual o concílio organizou seus trabalhos. Uma oposição havia se tornado manifesta entre aqueles que desejavam que se começasse pela reforma da Igreja e aqueles que davam prioridade aos "dogmas". Para resolver a dificuldade, o concílio decide em cada sessão tratar em conjunto a reforma e os dogmas. Por reforma da Igreja, entendia-se todos os abusos que se haviam difundido no funcionamento do episcopado e dos ministérios. Por dogmas, entendia-se o conjunto dos ensinamentos oficiais recebidos na Igreja. A compreensão da palavra ultrapassava largamente os limites da revelação. Era o conjunto da doutrina pertencente ao consenso geral da Igreja. Tanto e nesse sentido

---

[8] *Suma teológica*, IIa. IIae., q. 1, art. 6-10.

Introdução à teologia

o concílio não tinha nenhuma ideia de que cada cânone votado exprimia um ponto irreformável da revelação. Tratava-se simplesmente de um ensinamento que há muito tempo predominava na Igreja. Quem o contestava colocava em causa a unanimidade e a paz da própria Igreja. O concílio emprega com frequência o termo em seus debates, mas muito raramente nos decretos, em que ele é com frequência substituído por "doutrina".[9] Para os padres conciliares, os cânones votados eram "dogmas de fé" (*dogmata fidei*), mas com isso não entendiam que cada cânone fosse a expressão de uma doutrina irreformável.[10] O termo dogma ainda não é um termo-chave na vida da Igreja.

Os debates teológicos consecutivos à Reforma contribuíram, portanto, para o uso mais frequente dos termos "dogmático" e "dogma". É nesse momento que se faz uma diferença clara entre a diversidade legítima das opiniões teológicas e o que devia ser objeto de confissão unânime da fé em relação a uma doutrina revelada por Deus. Nesse segundo caso, somente a unanimidade era requerida. Passe-se, portanto, de uma concepção global do dogma eclesial a uma concepção mais precisa e limitada, como afirmação doutrinal pertencente à revelação. Encontra-se pela primeira vez esse sentido sob a pena de um teólogo franciscano, Felipe Neri Chrismann (1751-1810), que dá a seguinte definição de dogma:

---

[9] Encontram-se duas vezes o termo "dogma" no Concílio de Trento: primeiro, no final do decreto sobre a recepção dos livros sagrados e das tradições dos apóstolos: "Que todos compreendam a ordem e o caminho que o concílio seguirá (...) para confirmar os dogmas e restaurar os costumes na Igreja" (*DzH* 1505); e, em seguida, para evitar que as imagens dos "falsos dogmas" não incline os fiéis ao erro (*DzH* 1525).

[10] Cf. B. Sesboüé. *Histoire des dogmes*, cit., t. IV, p. 157-158.

Um dogma de fé nada mais é que uma doutrina e verdade divinamente reveladas, doutrina e verdade que o julgamento público da Igreja propõe à crença de fé divina, de modo que seu contrário é condenado pela mesma Igreja como doutrina herética.[11]

O humor imanente à história da Igreja quis que essa definição, que, a partir do século seguinte, se tornará um bem comum da Igreja, será retomada pelo Concílio Vaticano I e se tornará um termo privilegiado para o magistério, fosse primeiro considerada de modo "minimalista" e que uma edição de Chrismann fosse posta no *Index*. Entretanto, essa definição leva em conta dois elementos fundamentais, a revelação por Deus e a proposição pela Igreja, que farão seu caminho na reflexão teológica e acabarão por se impor para se conhecer o uso central e oficial que é o atual. Mas pudemos observar todo a emergência dessa mudança de sentido, que passa de uma significação larga e global a uma nova, muito mais limitada, para a qual a prova de que um dogma foi objeto de uma revelação de Deus torna-se essencial. No mesmo sentido, a dimensão propriamente jurídica e canônica intervém na consideração do dogma de fé.

O conceito oficial de dogma foi assim definido pelo Concílio Vaticano I, que retoma, por sua vez, quase literalmente, a definição de Chrismann:

Deve-se crer com fé divina e católica em tudo o que está contido na Palavra de Deus, escrita ou transmitida pela Tradição, e que a Igreja propõe para se crer como divinamente revelada, seja por um juízo solene, seja pelo magistério ordinário e universal.[12]

---

[11] Felipe Neri Chrismann, cf. W. Kasper. *Dogme et Évangile*, cit., p. 35.

[12] *DzH* 3011.

Dois elementos devem, portanto, ser considerados: a pertença de um ensinamento à revelação e sua proposição como tal pela Igreja.

A pertença à revelação. Não pode ser objeto de fé senão aquilo que foi revelado formalmente por Deus, isto é, o que pertence à Palavra de Deus. O essencial dessa revelação divina nos é transmitido pela Sagrada Escritura, a Bíblia. Mas a própria Bíblia é objeto na Igreja de uma recepção e transmissão. É pela Igreja que cada um de nós recebe o texto da Escritura. Esse ato constante de geração em geração remonta ao primeiro reconhecimento do cânon das Escrituras, isto é, da regra que determinou o que lhe pertence e o que não lhe pertence. Em relação ao Antigo Testamento, a Igreja reconheceu o conteúdo da Bíblia traduzida em grego da versão Setenta.[13] Em relação ao Novo Testamento, apenas os textos que remontam à geração apostólica podem pretender-se como inspirados por Deus e, portanto, fazer parte da revelação divina. Essa Tradição, que foi objeto de grandes debates com os reformadores do século XVI, deve ser considerada não de início em algumas observâncias particulares, mas como o ato vivo da transmissão do corpo da Igreja presidido por seus ministros, que dela manteve o texto, dando-lhe, de modo incessante uma interpretação coerente. Pois é à Igreja que esse texto foi dado e é ela que guarda sua dimensão viva, precisamente pelo ato da transmissão viva do qual ela é objeto.

---

[13] A Setenta é a tradução da Bíblia hebraica em grego, realizada no século II a.C. Segundo a lenda, ela foi realizada por setenta tradutores miraculosamente de acordo acerca de todos os textos. Ela é a tradução grega do Antigo Testamento oficialmente reconhecida pela Igreja. Quando os autores do Novo Testamento citam o Antigo Testamento, usam com maior frequência a tradução da Setenta.

A proposição pela Igreja. Não basta que um ensinamento se encontre materialmente na Escritura. Pois então se poderia disso retirar qualquer coisa, tudo e seu contrário. Isso vemos em algumas comunidades que se pretendem cristãs e impõem em nome da Escritura regras às vezes aberrantes (como, por exemplo, a recusa da transfusão de sangue). A fé não é um ato individual que se conclui após uma leitura solitária da Escritura. Ela obedece à "regra da fé", dada desde as origens e materializada nos diferentes Credos, sendo o mais antigo o Símbolo dos Apóstolos, não porque foi redigido por eles, mas porque exprime seu ensinamento comum que gira em torno da fórmula trinitária e da titulação cristológica do segundo artigo. O conjunto do dogma eclesial é o desenvolvimento dessa fórmula inicial.

Essa é a razão pela qual se distingue duas maneiras das quais uma proposição particular pode se impor à fé dos crentes: o juízo solene ou o magistério ordinário e universal. É evidente que diversas proposições dogmáticas não são mencionadas nos diversos Credos. Conforme a necessidade se fazia sentir, em geral no termo de uma crise grave em que um ponto essencial da fé estava em causa, a Igreja reunida em concílio se pronunciava com uma "definição dogmática", isto é, com um juízo solene. Essa definição pode também ser estabelecida pelo papa em nome de sua responsabilidade na Igreja. Isso ocorreu nos dogmas da Imaculada Conceição, em 1856, promulgado por Pio IX, e da Assunção, promulgado por Pio XII em 1950.

É evidente, contudo, que nem todos os dogmas reconhecidos pela Igreja Católica foram objeto de uma definição solene. Observamos que o dogma da redenção jamais foi objeto desse tipo de definição. Por essa razão, é preciso também apelar para aquilo que é chamado de "magistério ordinário e universal" da Igreja. Quando um artigo da fé é objeto de um ensinamento corrente, constante e repetido pela comunidade dos bispos presidida pelo papa, e apresentado como pertencente à revelação divina, conclui-se que ele se impõe em nome da fé divina. Pode-se tomar como exemplo o dogma da Trindade, que foi ensinado e crido desde as origens, em nome desse magistério universal, antes que tivesse sido formalmente definido no Concílio de Niceia. O estabelecimento de um artigo pertence, assim, à fé pelo fato de o magistério ordinário e universal ser com frequência de ordem da evidência. Mas, evocada com dados secundários, essa prova apresenta por vezes dificuldades praticamente inextrincáveis.

A crise do modernismo tocou largamente a verdade dos dogmas propostos pela Igreja e a realidade concreta à qual se remete sua linguagem. Esses difíceis debates foram esclarecedores, permitindo tomadas de posição equilibradas entre um simbolismo extenuado e um realismo exagerado. O Vaticano II não modificou as regras do Vaticano I. Introduziu, entretanto, uma nova distinção, consecutiva do discurso de João XIII na abertura do concílio: "Uma coisa é o próprio depósito em que estão as verdades da fé, outra coisa o modo segundo o qual essas verdades são expressas, entretanto com a condição de salvaguardar seu sentido e significação".[14] A importância desse texto é reconhecer que a mesma verdade de fé

---

[14] Vaticano II. *Gaudium et spes*, n. 62, § 2.

Bernard Sesboüé

pode conhecer expressões diferentes em função da diversidade das culturas e do movimento da história.[15]

O dogma repousa sobre o paradoxo de afirmações que sustentam uma verdade *absoluta*, permanecendo inevitavelmente solidárias da particularidade de uma condição histórica e por isso *relativas* e capazes de certa caducidade. Logo, sua justa compreensão exige uma interpretação, assegurada pela Igreja, capaz de discernir seu verdadeiro sentido e de rever eventualmente suas fórmulas. Isso já ocorreu de um concílio a outro. É precisamente esta a condição histórica do homem, de seu conhecimento e da própria revelação, tanto em seu desenvolvimento como em sua compreensão, que torna necessária a existência de um magistério vivo, cujo discurso por definição jamais é acabado, porque a fé deve sempre ser transmitida e ensinada no presente das culturas. Essa historicidade das fórmulas dogmáticas foi claramente reconhecida pela declaração *Mysterium Ecclesiae*.[16]

II. O problema do desenvolvimento dos dogmas

"A Igreja de Cristo, leal e prudente guardiã dos dogmas cujo depósito lhe foi confiado jamais muda. Ela não os diminui nem os aumenta", lemos no *Commonitorium* de Vicente de Lérins. Com efeito, a Igreja considera que sua fé não pode mais mudar

---

[15] O Vaticano II igualmente recordou que a infalibilidade da Igreja "estende-se tanto quanto o próprio depósito da revelação divina, que deve ser santamente conservado e fielmente exposto" (*Lumen gentium*, n. 25, 3). Ela, portanto, é limitada por esse depósito, sendo admitido que a comissão teológica do concílio precisou que essa infalibilidade "estende-se àquilo que é necessário – e apenas isto – para guardar santamente e expor fielmente esse mesmo depósito".

[16] *Mysterium Ecclesiae*, 1973 (*Doc. Cath.*, n. 1636, 1973, p. 667).

Introdução à teologia

após o encerramento da revelação que tem seu centro na pessoa de Jesus Cristo. Ora, é evidente que a doutrina da fé e os dogmas da Igreja conheceram um desenvolvimento considerável ao longo dos séculos, em razão de problemas cada vez mais complexos que se colocaram. As afirmações dogmáticas se multiplicaram, e algumas definições são mesmo relativamente tardias, como as da Imaculada Conceição e da Assunção nos séculos XIX e XX. Não há aí uma contradição formal?

Isso foi notado bem cedo, como se vê em Orígenes, em seu belo prefácio do *Tratado dos princípios* (*Peri Archôn*), em que ele se inquieta com as divergências entre os cristãos sobre pontos importantes da fé. Reencontramos o problema em Abelardo, com seu *Sic et non*, e nos grandes escolásticos.[17] Alguns historiadores modernos falaram de uma "evolução" dos dogmas católicos, como se o próprio conteúdo da fé tivesse sido objeto de mudanças importantes. O problema ressurge no início do movimento ecumênico, a ponto de se tornar para J. H. Newman uma objeção forte contra o catolicismo. A fim esclarecer uma questão tão grave, o teólogo anglicano escreveu, pouco antes de sua conversão, seu célebre *Ensaio sobre o desenvolvimento da doutrina cristã*.[18]

O dogma é um "isto é"

Desenvolvimento não quer dizer evolução. Basta retornar ao testemunho do Concílio de Niceia (325), que marca o ato do nascimento da linguagem dogmática não escriturística na Igreja, para

---

[17] São Tomás de Aquino. *Suma teológica*, IIa IIae, q. 1, art. 7: "A fé progrediu ao longo dos tempos?".

[18] J.-H. Newman. *An Essay of the Development of Christian Doctrine*. Londres, 1845.

75

Bernard Sesboüé

dela se dar conta. A teologia de Ário (c. 256-c. 336) considerava, em nome de um preconceito "monarquiano",[19] que somente o Pai era verdadeiramente Deus, porque era o único inengendrado, o único sem princípio, o único eterno. O Filho e o Espírito não podiam ser senão criaturas, espirituais e divinas sem dúvida em relação a nós, mas estrangeiras à natureza do Deus único. Não é o que ensinava a Tradição da Igreja, que via nos três nomes divinos três pessoas iguais. Mas o arianismo conhece um vivo sucesso no Oriente e a querela teológica viria a colocar em causa não apenas a paz da Igreja, mas também do Império, recentemente convertido ao Cristianismo. Após os debates que permanecerão infrutuosos, o imperador Constantino toma a iniciativa de convocar o primeiro concílio ecumênico em Niceia, a fim de regrar o problema por uma decisão clara. Ora, Ário confessava as fórmulas de fé tradicionais, fazendo-as sofrer com sua interpretação uma grave hemorragia de sentido. Para refazer a unidade da Igreja e sua unanimidade na confissão trinitária, seria preciso acrescentar um elemento novo de linguagem, capaz de superar a ambiguidade que se havia instalado nas fórmulas tradicionais. Concretamente, seria preciso inserir no próprio texto do Credo uma nova expressão, não bíblica, exprimindo claramente a igualdade e a coeternidade do Filho em relação ao Pai. Essa expressão não podia ser tomada senão da linguagem filosófica da época, que traduziria em grego as expressões bíblicas antigas. Tratava-se de uma dupla tradução, a primeira da linguagem semítica para a linguagem filosófica grega e a segunda da linguagem popular para uma linguagem técnica. Foi o que

---

[19] O monarquianismo considerava que a unicidade de Deus, ou sua "monarquia", não permitia realmente a existência de uma Trindade.

fez o concílio, inserindo alguns acréscimos ao texto recebido do Símbolo de fé:

> Cremos (...) e em um só Senhor, Jesus Cristo, Filho de Deus, nascido monogênio do Pai, *isto é*, da substância do Pai... Deus de Deus, luz da luz, Deus verdadeiro de Deus verdadeiro, gerado não criado, *consubstancial ao Pai.*

É notável que as expressões novas sejam introduzidas por um "isto é", que é sem dúvida a fórmula mais importante do texto, na medida em que ela exprime a relação entre as fórmulas antigas e as expressões novas. Quando digo "isto é", faço meu ouvinte compreender que não vou exprimir uma ideia nova, mas que direi novamente de maneira mais clara, ou melhor adaptada a ele, que considero lhe comunicar em verdade. A primeira expressão comporta o "isto é" e isso é subentendido pela segunda. O Concílio de Niceia leva a sério as afirmações bíblicas. Ele explicita sem dúvida seu conteúdo, mas sobretudo opera uma *dicção de sentido*. É assim que a Igreja compreende e interpreta as afirmações do Credo. Ele lhes reconhece um valor de afirmação real, inadequada sem dúvida como linguagem humana acerca das coisas divinas, mas não inexata, ou seja, que seu valor é de ordem ontológica. O Concílio de Niceia não se conduz, portanto, de modo algum como um criador de dogma, mas como um regulador dos dogmas recebidos da Igreja.

Assim fazendo, os padres de Niceia usaram de uma audácia incrível, pois integraram as palavras da sabedoria humana, de origem pagã, à venerável exposição da fé cristã. Então a Escritura não é mais suficiente para dizer a fé? Para muitas almas conservadoras, isso era um verdadeiro escândalo. Tanto e por isso que a definição de Niceia não foi "recebida". Longe de colocar um termo em debate, o Credo de Niceia engendra cerca de cinquenta anos de conflitos, de reuniões de diversos concílios de doutrinas contraditórias, a ponto de que alguns testemunhos se perguntaram se a Igreja do Oriente não teria simplesmente se tornado ariana. Nesses conflitos, os imperadores tinham uma atitude muito ambígua, pois tentavam em geral seguir a maioria do momento, a fim de impô-la como unanimidade.

Com o tempo, entretanto, as coisas se decantaram: percebe-se que no campo ariano havia sem dúvida verdadeiros "heréticos", mas também pessoas que permaneciam autênticos cristãos, recusando a inserção de fórmulas novas no Credo. A recepção pelo corpo unânime da Igreja do Concílio de Niceia demanda cinquenta anos. O processo foi infinitamente mais pesado e doloroso que as poucas recusas que se seguiram ao Vaticano II. O Concílio de Constantinopla I (381) foi o da reconciliação e da confirmação. Os padres dessa nova geração se deram conta de que não era suficiente uma palavra para resolver o problema, mas que era necessário compor uma fórmula completa, dividindo o vocabulário que exprimia de um lado a Trindade (três hipóstases[20] ou pessoas) e de outro a unidade divina (uma substância, consubstancial às três pessoas). Basílio de Cesareia dedica-se durante vinte anos à preparação dessa

---

[20] O termo "hipóstase" foi objeto de uma modificação capital em seu sentido. Primitivamente, era sinônimo de *substância* e os latinos o traduziam como *substantia*. Foi preciso todo um trabalho dos capadócios para fazer com que adquirisse o sentido de *subsistência*, isto é, do ato concreto de subsistir na substância e, portanto, na pessoa. Os que sustentavam três hipóstases em Deus deviam, portanto, considerar também o *consubstancial* de Niceia, sob pena de ser suspeitos de considerar três pessoas em subordinação. Reciprocamente, os que consideravam o *consubstancial* deviam afirmar a existência de três hipóstases, sob pena de recair em uma nova forma de modalismo.

Introdução à teologia

fórmula, realizando também uma obra autenticamente ecumênica *avant la lettre*, pois os interlocutores se reconhecem na comunhão de uma mesma fé, reunindo numa mesma fórmula linguagens de origens diferentes e que eram originalmente objetos de conflitos. A carta sinodal de Constantinopla, de 382, difunde essa nova fórmula em que se reencontra o famoso "isto é":

> A fé antiga e conforme o batismo nos ensina crer em nome do Pai, do Filho e do Espírito Santo, isto é, de modo evidente, crer em uma divindade, uma potência e uma substância única do Pai, do Filho e do Espírito Santo, em igualdade de honra e de império coeterno em três hipóstases perfeitas ou em três pessoas perfeitas.[21]

Devemos à tradução grega, numa fórmula completa e equilibrada da fé bíblica no Pai, no Filho e no Espírito Santo. Tal é o primeiro ato de desenvolvimento do dogma que respeita perfeitamente o que será formulado por Vicente de Lérins em seu *Commonitorium*.

Não é mais necessário prolongar a demonstração. As crises cristológicas do século V serão geradas da mesma maneira. Cirilo de Alexandria formulará assim a tradução da fórmula joanina "O Verbo se fez carne", dizendo que "o Verbo, estando unido de modo hipostático a uma carne animada por uma alma racional, tornou-se homem de uma maneira indizível e incompreensível".[22]

---

[21] *Les conciles oecuméniques. Les Décrets*, t. II-1, sob a direção de G. Alberigo. Paris, Cerf, 1994, p. 81.

[22] Segunda carta de Cirilo a Nestório (430), lida e aprovada no Concílio de Éfeso (341), ibid., p. 107.

Mais tarde os concílios ocidentais respeitarão o mesmo método. Por exemplo, o Concílio de Trento apresentará em seu decreto sobre a justificação um amplo comentário sobre o ensinamento paulino a esse respeito.

O caso especial da Virgem Maria

O ensinamento dogmático da Igreja sobre a Virgem Maria coloca, entretanto, um problema particular, porque os "isto é" em questão parecem acrescentar um elemento novo ao conteúdo precedente da fé. A passagem de Maria, *mãe de Jesus*, a Maria, Mãe de Deus, é perfeitamente conforme aos "isto é" precedentes. Não é senão a aplicação ao papel da Virgem da comunicação das propriedades[23] da humanidade à divindade de Jesus. Maria, mãe de Jesus, evidentemente não é a mãe de sua divindade. Ela é a mãe de Jesus, que é Deus de modo pessoal. Ela é, portanto, mãe de um Filho que é Deus. Há uma explicação na segunda fórmula, não há nenhum acréscimo de sentido. Na mesma linha, podemos em certa medida remeter os outros dogmas conhecidos ou definidos mais tarde a propósito da Virgem Maria da mesma maneira:

Maria é a mãe virginal de Jesus, isto é, ela é sempre Virgem.

Maria é Toda Santa (*Panagia*), isto é, ela é imaculada em sua concepção.

---

[23] A comunicação das propriedades (ou dos idiomas) permite à nossa linguagem atribuir a Deus os sofrimentos do homem Jesus. Por exemplo, o título de uma obra de Jürgen Moltmann, *O Deus crucificado*, é legítimo, ainda que a divindade de Cristo não tenha sido crucificada. De igual modo, Maria pode ser dita Mãe de Deus, porque ela é a mãe de Jesus, que é o Filho de Deus. De modo recíproco, a onipotência do Filho de Deus pode ser atribuída ao homem Jesus.

Maria foi associada de maneira inseparável à carne de seu Filho, isto é, ela permanece a ele associada na glória com sua carne. É verdade que a definição dogmática se apoia sobre dados evangélicos[24] colocando-a em seus limites. Não há nenhuma afirmação totalmente nova, capaz de perturbar a imagem da Virgem Maria na fé. Entretanto, essas fórmulas dogmáticas dizem mais que as expressões antigas. O que pode justificar esse acréscimo ao ensinamento bíblico? O fato de que o conteúdo próprio das fórmulas novas foi objeto da fé da Igreja de maneira unânime durante séculos. A imaculada concepção foi, sem dúvida, uma dificuldade durante muito tempo, pois nem São Bernardo, nem São Tomás a sustentavam. Mas a solução proposta por Duns Scoto no início do século XIV[25] reflete praticamente a unanimidade da Igreja na sequência. É a Igreja e a fé de seu povo que são infalíveis. Tal é a razão pela qual essas definições esperaram a manifestação dessa unanimidade antes de poderem ser sustentadas. No caso, o acréscimo de conteúdo foi antecipado pela fé do povo de Deus. Mas o primeiro fundamento permanece no *isto é*.

Pode-se fazer valer a mesma argumentação acerca do dogma do purgatório, implicitamente reconhecido na oração bíblica pelos defuntos, assim como a comunhão dos santos. A infalibilidade pontifícia não é senão uma modalidade de exercício, sob

---

[24] Sabe-se das dificuldades recentemente suscitadas a propósito dos "irmãos de Jesus". A complexidade dos testemunhos evangélicos e o pouco interesse dos redatores a essa questão tornam a questão insolúvel.

[25] A graça da redenção realizada pela paixão do Cristo teve efeito sobre a Virgem Maria antes de sua realização histórica. Logo, Maria não escapou do pecado original. Ela seguiu a lei comum da salvação recebida do Cristo, mas sob a forma de uma preservação e não de uma cura.

Bernard Sesboüé

condições bem precisas, da infalibilidade da Igreja. O Papa Pio XII fazia também referência a esse respeito à concordância entre o ensinamento do magistério ordinário e a fé dos fiéis. Em tudo isso, a Igreja permanece fiel ao critério de Vicente de Lérins, que reconhecia um valor decisivo na unanimidade da Igreja na fé.

As teorias do desenvolvimento do dogma nos séculos XIX e XX

Foram os tempos modernos que colocaram esta questão, a partir do momento em que o desenvolvimento se fazia mais manifesto e mais importante, um capítulo novo da reflexão teológica. Era também a grande objeção de um Newman anglicano contra a fé católica. Como isso pode legitimar as novidades dogmáticas que não estão na Escritura e não foram transmitidas pela Tradição primitiva? É cruzando essa questão nos padres da Igreja, em particular acerca do *consubstancial* de Niceia, que Newman engajou-se em um itinerário pessoal que o conduziu a reconsiderar profundamente as coisas. A identidade da fé, como toda identidade viva, deve aceitar algumas mudanças para manter sua integridade. Ela não reside na manutenção das mesmas palavras, mas na continuidade do mesmo pensamento. Foi assim que Newman publicou, em 1845, quando ainda era anglicano – mas já católico de coração –, seu famoso *Ensaio sobre o desenvolvimento da doutrina cristã*, que continua sendo uma referência maior na teologia acerca dessa matéria. Ele distingue formalmente um *desenvolvimento* homogêneo e legítimo da mesma fé, obedecendo a alguns princípios reconhecidos, de uma evolução, que admitia qualquer novidade.

Introdução à teologia

Sua investigação parte da análise positiva da história: trata-se de distinguir em cada caso os desenvolvimentos homogêneos, coerentes, conformes à ideia primitiva, dos que poderiam tornar-se desvios ou corrupções. Distingue, assim, sete notas ou sete critérios de discernimento, solidários, que condicionam um desenvolvimento fiel e homogêneo. Ele os encontra reunidos no desenvolvimento do dogma católico e sua convergência apresenta uma solidez real. Tais critérios são os seguintes:

A conservação do tipo fundamental. A continuidade dos princípios. A potência de assimilação. A consequência lógica. A antecipação do futuro. A conservação ativa do passado. O vigor durável.

Newman reformula na cultura de seu tempo os critérios antigos de Vicente de Lérins, quando ele escrevia que o desenvolvimento dos dogmas se legítima, "desde que seja segundo sua natureza própria, isto é, no mesmo dogma, no mesmo sentido e no mesmo pensamento".[26] A mesma afirmação foi retomada no Vaticano II. Newman se referia à organicidade do desenvolvimento biológico, em que o recém-nascido já possui em si os órgãos ou os princípios que permitirão seu desenvolvimento completo até a idade adulta. Mas essa imagem deixa de lado muitos aspectos que pertencem à realidade do desenvolvimento dogmático.

É o dogma, como expressão autorizada da fé, que se desenvolve e não o conteúdo da revelação. Na mesma perspectiva, Maurice Blondel podia escrever:

---

[26] Vicente de Lérins. *Commonitorium*, cit., cap. 23.

83

Mesmo que ela *descubra* (a Igreja), tem o humilde sentimento de *reencontrar* fielmente. Ela não tem nada a inovar, pois possui seu Deus e seu Tudo; mas ela nos ensina sem cessar o novo, porque faz algo passar de *implícito vivido* a *explícito conhecido*.[27]

A explicitação pela passagem do implícito ao explícito torna-se muito geral, ainda que ela sempre tenha sido objeto de reticências, porque ela não corresponde exatamente às situações históricas que conduziram às novas formulações dogmáticas.

As teorias do desenvolvimento do dogma se multiplicaram no século XIX, amplamente sob a influência de Newman, e no início do século XX. Infelizmente, a teologia neoescolástica, pouco sensível à realidade do problema posto pelo desenvolvimento dogmático que não pode ser legítimo senão em limites estritos, buscou ampliá-lo, nele vendo a expressão de uma consequência lógica necessária, que poderia, segundo alguns autores, ser estendida a qualquer conclusão teológica legítima. Assim, um grande número de respostas dadas na *Suma teológica* de São Tomás poderiam ser objeto de definições dogmáticas. Essa concepção muito intelectualista e abstrata, que via na definição dogmática o objeto de uma pura dedução lógica, esquece gravemente a realidade da experiência de fé que habita o povo cristão (*sensus fidei*), em razão da presença do Espírito Santo que conduz a Igreja para a verdade total (cf. Jo 16,13), e, portanto, da transcendência propriamente divina da revelação e do momento da fé eclesial que lhe corresponde.

A questão do desenvolvimento dogmático retornou de maneira insistente por ocasião da crise modernista. Pois o combate

---

[27] M. Blondel. Histoire et Dogme. In: *La Quinzaine*, 1904, p. 437.

Introdução à teologia

modernista abria-se a concepções bem diferentes, em particular em Alfred Loisy. Após ter tentado permanecer em uma perspectiva ortodoxa, ele se orientou em direção à afirmação de que "o desenvolvimento do dogma é, no sentido próprio da palavra, uma evolução e comporta, como tal, adições, mudanças, perdas: pela via da emenda insensível os dogmas se corrigem, se transformam, se sucedem".[28] Não se trata de entrar aqui no debate complexo que se apaziguou progressivamente ao longo do século XX para chegar a um conjunto de conclusões muito consensuais.

---

[28] L. de Grandmaison. *Le dogme chrétien. Sa nature. Ses formules. Son développement.* Paris, Beauchesne, 1928, p. 122. Esse opúsculo apresenta um bom estado das posições ao final da crise modernista.

CAPÍTULO III

A teologia dogmática: seu estatuto, suas referências e seu método

Detivemo-nos na e nas *teologias*. Pontuamos o campo semântico da palavra *dogma*. Resta-nos agora estabelecer a expressão completa que é objeto deste livro: a *teologia dogmática*. Qual é seu estatuto na vida da Igreja? Qual é sua fonte e quais são suas referências fundamentais? Qual é em particular sua relação com a Escritura e a Tradição? Qual papel de autoridade exerce em relação a ela o magistério infalível da Igreja?

Esses dois termos, teologia e dogma, dizem-nos exatamente o que é a teologia dogmática: o termo teologia é o substantivo e a palavra dogmática o adjetivo determinativo. É o conjunto que ultrapassa, em suas posições e considerações, o conteúdo próprio do dogma, e cujo objeto próprio é propor uma síntese dos dogmas da Igreja. Essa proposição supõe uma ordenação das coisas que se fará à luz de um ponto de vista diretor, ele mesmo pertencente ao conteúdo dogmático. Esse ponto de vista é escolha de cada autor, e é inevitavelmente solidário de sua situação histórica e cultural. Essa é a razão pela qual a tarefa de elaboração de uma teologia dogmática verdadeiramente pertinente para uma época jamais é acabada. O conteúdo dessa teologia deve operar a significação profunda de cada dogma e do que realiza sua articulação mútua. Cada teologia constitui uma leitura, historicamente situada, do conjunto da fé. Cada uma deve, em princípio, considerar a totalidade da fé e, portanto, tomar posição acerca dos desenvolvimentos mais recentes dos quais alguns ainda são objeto de debates. Ela deve velar em particular para não recair na "inflação dogmática", isto é, pretender integrar como dogma, no sentido rigoroso do termo, algumas teses novas, que se situam nas fronteiras da revelação.

A teologia é, portanto, um saber humano, que não para de tentar compreender o dogma, de comentá-lo, de interpretá-lo e de construí-lo segundo sua coerência própria. A teologia é um aspecto da vida de fé da Igreja, que recusa que sua mensagem seja uma repetição de papagaio, que diz frases das quais não conhece o sentido. A homenagem da fé é uma homenagem de nossa inteligência, bem como de nossa vontade e de nossa liberdade.

I. A teologia dogmática: ciência de Deus e ciência do homem

Sabemos que a teologia é a ciência de Deus. Mas não é menos uma ciência do homem. É a ciência do homem falando de Deus e da relação do homem com Deus. Na perspectiva cristã, a teologia se apoia na revelação pessoal de Deus. Essa revelação vai além da "revelação cósmica", a que manifesta Deus na ordem da criação. Ela se produziu na história dos homens por meio de uma série de eventos e de ensinamentos, progressivamente inscritos nos livros. A conservação desses livros, chamados livros sagrados, constitui, por sua vez, uma história. A essa revelação respondeu a fé de um povo, reconhecendo, em tudo aquilo que lhe acontece, iniciativas de um Deus que dele "se aproxima" (Dt 4,32-34). Como diz o historiador das religiões G. Van der Leeuw, "nesse pequeno povo, num canto perdido do mundo, realizou-se um fato imenso, o nascimento da *fé*".[1] A fé é a resposta do homem à revelação de Deus. Tal resposta é pessoal, mas não é individual, isto é, realiza-se no seio de um povo que partilha a mesma fé. Para a teologia católica, a Igreja constitui esse povo. A fé é feita de adesão que reconhece o passado, da confiança absoluta no presente, capaz de se tornar o centro e a finalidade da vida, e da esperança no futuro. Ela se torna, então, uma linguagem e constitui um discurso. A teologia propriamente dita não se pode desenvolver senão no quadro do ato da fé. Nisso ela é bem diferente da ciência das religiões, cujo autor não se engaja pessoalmente no que ele enuncia. Essa é a razão pela qual os primeiros documentos da fé são com frequência confissões ou símbolos de fé.

II. A teologia, ciência da linguagem: a Escritura como sua fonte

Na variedade e no organograma das ciências humanas, a teologia apresenta-se, portanto, como discurso e é uma ciência da linguagem. É um discurso de fé correspondente a um discurso da

---

[1] G. Van der Leeuw. *La religion dans son essence et ses manifestations*. Paris, Payot, 1970, p. 620.

revelação e toda sua operação é da ordem da linguagem. Sua fonte é um longo discurso, o da Sagrada Escritura, chamada com adequação de "Palavra de Deus". Seu primeiro passo consiste em escutar essa Palavra, lendo-a nas boas edições e inumeráveis traduções. Isso quer dizer que o acesso a essa fonte depende de sua transmissão por intermédio da Igreja através das gerações. A Escritura é a "Palavra de Deus escrita e transmitida", que não pode chegar às minhas mãos senão no termo de uma transmissão viva. A Palavra de Deus não pode viver e se transmitir senão num corpo histórico e social. Esse dado faz parte da Encarnação: o Verbo de Deus se fez carne, se fez "corpo falante"; transmitiu sua mensagem e seus discípulos a anunciaram tal como a receberam, com palavras humanas. Essa transmissão não podia sobreviver, sem se perder nas areias, senão graças à existência de uma comunidade de fé que velava sobre sua transmissão autêntica. Tudo isso não poderia ter ocorrido senão engendrando um discurso novo, acompanhando e transmitindo o discurso das Escrituras. Essa transmissão não era somente material. Bem entendido, ela cuidava da realização de bons manuscritos, bem redigidos e bem emendados, periodicamente renovados até a invenção da imprensa, bem como de grandes traduções em todas as línguas, tal como, no início, a *vetus latina* (a antiga tradução latina), depois a tradução integral da Bíblia em latim, a partir do hebraico e do grego, feita por São Jerônimo, e, em seguida, de todo o conjunto de traduções feitas nas línguas dos novos povos que aderiam à fé. Seria preciso, evidentemente, cuidar para que a tradução não se tornasse uma traição. Essa transmissão material era acompanhada, portanto, de uma transmissão espiritual, que concerne ao sentido da mensagem, cuja autenticidade deve ser mantida ao longo da história. A experiência logo mostrará a multiplicidade dos problemas que isso estabelece.

O papel dos símbolos de fé

A tradição do sentido exigia também que se desse conta da unidade desse sentido. Para isso, fórmulas breves, que recapitulavam o essencial da mensagem, se mostraram necessárias. Já o povo de Deus do Antigo Testamento havia experimentado a necessidade de resumir em algumas frases breves as maravilhas realizadas por Deus em seu favor e de fazer disso o conteúdo de sua fé e de sua experiência.[2] Na Igreja dos primeiros tempos a herança do Novo Testamento elaborou numerosos livretos de diferentes gêneros literários, dando lugar ao nascimento de fórmulas breves nas quais se resumia o essencial do conteúdo da mensagem e, portanto, da fé a ela correspondente. Por meio de todo um trabalho das comunidades cristãs, fórmulas brevíssimas, provindas dos Evangelhos, articulam-se e combinam-se entre si, a fim de formar uma confissão de fé articulada em muitos artigos. Houve, de início, dois esquemas, um construído em torno dos três nomes divinos revelados, Pai, Filho e Espírito Santo, cada um sendo encarregado de um aspecto da história da salvação; outro centrado no itinerário humano do Cristo, nascido da Virgem Maria, que viveu entre nós, padeceu sob Pôncio Pilatos, foi crucificado, ressuscitou dentre os mortos e prometeu seu retorno no fim dos tempos. Esses dois esquemas logo se constituíram em apenas um, e em Justino e Irineu, a sequência cristológica vinha se juntar e glosar a titularidade divina do Cristo

---

[2] Cf. o "Credo histórico" de Dt 26,5-10 e o *"Shema* Israel", Dt 6,4-9.

no segundo artigo do primeiro esquema. Esse primeiro Credo foi chamado "Símbolo dos apóstolos". Não que tivesse sido, segundo uma lenda piedosa, redigido pelos doze no dia de Pentecostes, mas porque estava revestido da autoridade dos apóstolos. No Oriente, outros Credos foram constituídos, nos quais se verificava a fé dos bispos. Eles foram chamados a se enriquecer das primeiras palavras da linguagem dogmática. O "Símbolo dos apóstolos" não pertence mais à Bíblia, embora seja tecido com expressões bíblicas. Mas é um ato da Igreja, revestida da autoridade apostólica. Ele confessa a fé e a transmite, mantendo sua fidelidade à doutrina original. É uma "regra de fé" e uma regra do discurso da fé.

Os "lugares teológicos" de Melquior Cano (1509-1560)

A teologia, portanto, é a ciência da fé. Como toda ciência, ela tem um método e segue um certo número de regras para não se desviar. É essa metodologia teológica que este capítulo pretende explicar, tendo a necessidade de considerar as grandes realizações ocorridas na teologia ao longo da história. O que a caracteriza, como já vimos, é falar de Deus, não simplesmente com os recursos de nossa razão, mas falar de Deus a partir da própria Palavra de Deus, isto é, da revelação. Seus princípios primeiros – ela os possui como qualquer ciência – provêm essencialmente de Deus e se remetem à transcendência divina. Mas a reflexão formal sobre a teologia como ciência desenvolveu-se com um grande atraso em relação à própria disciplina.

No século XVI, o teólogo dominicano Melquior Cano (1509-1560) escreveu um livro de metodologia teológica que foi publicado

Introdução à teologia

postumamente em 1563. Essa obra, que nos fornece a imagem exata da teologia de seu tempo, exercerá uma grande influência nos tempos modernos. Ela se intitula *Dos lugares teológicos*.[3] Pelo termo "lugar", herdeiro dos *topoi* da lógica antiga e já conhecido de São Tomás, é preciso entender uma série de domínios de conhecimento que são fontes para a teologia ou ao menos referências normativas. Cada um desses lugares constitui uma "autoridade". Cano distingue dez lugares, que ele aborda sucessivamente, respeitando sua hierarquia segundo o grau de autoridade reconhecida de cada um:

> O primeiro é a autoridade da Sagrada Escritura (...). O segundo é a autoridade das tradições do Cristo e dos apóstolos (...). O terceiro é a autoridade da Igreja Católica. O quarto é a autoridade dos concílios (...). O quinto é a autoridade da Igreja romana (...). O sexto é a autoridade dos santos antigos. O sétimo é a autoridade dos teólogos escolásticos, aos quais acrescentamos os peritos em direito pontifical (...). O oitavo é a razão natural (...). O nono é a autoridade dos filósofos (...). O décimo, enfim, é a autoridade da história humana.

Essa enumeração é muito interessante. As três primeiras autoridades, que são as mais importantes, correspondem à trilogia, sempre reconhecida, da Escritura, Tradição e magistério da Igreja. Essa trilogia exprime de maneira formal o que foi desde sempre a prática da teologia e ainda hoje continua sendo. No que concerne à Tradição, Cano prefere falar de tradições, isto é, das "coisas transmitidas" por via oral, no espírito do Concílio de Trento, do

---

[3] M. Cano. *Dos lugares teológicos*, I, cap. 3; Migne. *Tehologiae cursus completus*, 1, p. 62-63.

93

Bernard Sesboüé

qual ele participou, posição acerca da qual retornaremos. Notemos também que o papel do magistério, muito discreto nas épocas patrística e medieval, torna-se cada vez mais importante nos tempos modernos. Por autoridade da Igreja Católica, Cano entende a totalidade do corpo da Igreja visível, enquanto presidida pelos bispos e pelo papa. Essa Igreja não pode errar na fé, nem pelo passado, nem no presente, nem em seu futuro. Mas Cano não emprega o vocabulário da infalibilidade.

Os quatro lugares seguintes são também propriamente teológicos. Eles subdividem a autoridade da Igreja na dos concílios, da prioridade da Igreja romana, dos santos antigos, dos teólogos escolásticos e dos canonistas. Cano privilegia a autoridade romana em nome de sua apostolicidade petrina. Visa, desse modo, à autoridade do papa, da qual reconhece a inerrância do exercício público de sua responsabilidade doutrinal, em razão de sua origem. Com a expressão "santos antigos", ele entende a autoridade dos padres da Igreja dos sete primeiros séculos. Foram eles que iniciaram a teologia dogmática, como veremos no próximo capítulo. Eles representam a Tradição da fé na Igreja de maneira eminente, pois viveram não mais em sua época fundadora, mas em sua época edificadora. São com frequência bispos e entre eles contam-se grandes teólogos. Seu ensinamento e seus debates permanecem ao longo da história referências fundamentais para a pesquisa teológica. Contribuíram ao mesmo tempo para o desenvolvimento do dogma e da teologia. Constituem verdadeiramente autoridades, ainda que nenhum padre da Igreja seja considerado infalível. É seu *consensus* que é considerado como tal. Ele não põe problemas para os artigos essenciais da fé. O mesmo é válido para alguns artigos de segundo plano, mesmo secundários, para os quais é bem difícil obter unanimidade. Em diversos casos, estamos na presença de um silêncio total ou quase total. Algumas teses doutrinais podem ter um papel importante na vida eclesial de hoje, mas então ainda eram inexistentes, ou ainda não abordadas. É, então, praticamente impossível pretender provar duas coisas: uma unanimidade ou um consenso suficientemente amplo e contínuo, e o fato de que o consenso diz respeito à pertença à fé do artigo em questão. Aqui, o máximo de prudência é requerido. Estamos no campo da série dos lugares "prováveis". Melquior Cano menciona em seguida os teólogos escolásticos e os canonistas. Ele estima esses "lugares" mais sujeitos à precaução, em razão de sua relativa novidade e dos grandes debates, numerosos e por vezes acalorados, entre os teólogos cuja unanimidade é particularmente difícil de se reconhecer.

As três últimas autoridades – sempre julgadas "prováveis" – são particularmente significativas porque inscrevem a teologia na ordem das "ciências humanas" de cada época, posta a serviço da compreensão da mensagem cristã. A teologia deve utilizar todos os recursos da razão natural e considerar o valor da reflexão filosófica. Aristóteles é, nesse domínio, objeto de uma consideração particular. Cano está igualmente atento à autoridade da história humana, na medida em que a ciência que lhe corresponde é séria. Ora, a história jamais cessará de progredir, o que não será sem repercussão para a teologia.

Cano é também, com este livro, o testemunho da passagem da *questão* à *tese* e de um certo retorno à "teologia positiva". Ele acredita que tudo foi dito na ordem especulativa e que, de uma certa maneira, convém remeter as *razões* às *autoridades*. Confere,

Bernard Sesboüé

portanto, à teologia positiva todo o seu peso, num momento em que se desenvolve a controvérsia entre católicos e protestantes. Nesse sentido, ele está na origem da figura que assumirá a teologia dogmática nos tempos modernos.

A articulação entre Escritura e Tradição

Se fizermos referência à maneira pela qual as coisas se passaram, a Escritura e a Tradição viva se implicam mutuamente como uma só realidade. Os símbolos de fé se referem à Escritura como sua única fonte. Nesse sentido, a Escritura governaria a Tradição. Mas a Tradição viva era anterior à escrita do Novo Testamento: no tempo dos apóstolos, foi a Tradição que engendrou a redação dessas novas escrituras. Nesse sentido, ela envolve a Escritura. De qualquer forma, esta última não poderia existir sozinha, pois ela era confiada a um povo de fé que dela vivia sempre no presente do indicativo. A Escritura e a Tradição possuem uma solidariedade intangível e veiculam o mesmo conteúdo, uma sob a forma inalterável de escrita que permanece, a outra sob a forma viva da fé confessional que transmite. Por Tradição entende-se aqui hipoteticamente o que remonta ao ensinamento de Cristo e dos apóstolos. A Tradição/transmissão se prolonga, sem dúvida, na Igreja, mas ela não tem a mesma autoridade, ela é já submetida à autoridade da revelação apostólica, simultaneamente escrita e oral.

No século XVI, na crise eclesial que culmina na Reforma, o debate cresce entre protestantes e católicos para saber se a teologia tinha duas fontes, a Escritura e a Tradição, ou apenas uma, a Escritura. A questão estava mal colocada, pois se os protagonistas

Introdução à teologia

reconheciam todos a transcendência da Palavra de Deus em relação a suas atestações, escrita e oral, uns e outros estimariam que haveria uma complementaridade material entre uma e outra. Os católicos pensavam que alguns pontos da revelação estavam contidos nas "tradições" – cf. Melquior Cano –, ainda que tendo dificuldade para identificar tal ou tal tradição capaz de remontar aos apóstolos; os protestantes pretendiam recusar todas as tradições e queriam apoiar-se estritamente no ensinamento da Escritura (*sola scriptura*). Em um texto muito construído e complexo, o Concílio de Trento afirmava que o Evangelho era a fonte única de toda a verdade salutar, mas que essa fonte tinha dois lugares de atestação, os livros escritos e as tradições não escritas, que ele recebia e venerava com o mesmo apego religioso e o mesmo respeito.[4] O projeto do texto comportava mesmo um "*partim... partim...*", significando que a revelação está contida em *parte* nas Escrituras e em *parte* nas tradições. Essa expressão foi objeto de debates intensos e finalmente retirada, visto que o Concílio de Trento não se pronuncia sobre a maneira como Escritura e Tradição se articulam entre si. Ele está aberto às duas possibilidades, a complementaridade material – o que não está na Escritura encontra-se na Tradição –, ou a complementaridade funcional e qualitativa: esta consistia na relação entre o oral e o escrito, que não exercem o mesmo papel na comunicação humana e, entretanto, são solidárias entre si. Escritura e Tradição são duas formas de transmissão da mesma mensagem, a Escritura assegurando a exatidão da revelação transmitida, a Tradição viva a realização concreta da transmissão. Infelizmente, a interpretação

---

[4] Decreto sobre a recepção dos Livros Sagrados e das tradições, *DzH* 1501.

Bernard Sesboüé

subsequente desse decreto pelos teólogos e mesmo pelos concílios privilegiou a dualidade dos canais de transmissão em detrimento da unidade da fonte e acabou por proclamar a existência de "duas fontes".[5]

Um paradoxo pleno de humor quis que fosse a exegese protestante que descobrisse, no século XX, a articulação funcional entre Escritura e Tradição e, por isso, renovasse completamente a problemática. A exegese católica segue a mesma via e a constituição apostólica *Dei Verbum*, do Vaticano II, toma uma posição que aprova amplamente a interpretação funcional, ainda que uma fórmula final permaneça ambígua, infelizmente.[6] Os protestantes estimavam, de seu lado, que a questão devesse ser reposta com bases completamente diferentes. O debate antigo sobre o tema pode ser considerado encerrado. E o Concílio Vaticano II pode concluir que "o estudo da Sagrada Escritura deve ser como a alma da sagrada teologia".[7]

Esse debate tinha uma dimensão confessional, pois opunha os católicos, adeptos das duas fontes, e os protestantes, que não consideravam senão a *"sola scriptura"*. Mas houve também um debate interno à Igreja Católica.

---

[5] Cf. o excelente artigo de H. Holstein, que faz sua história, "Les 'deux' sources de la révélation", *RSR* 57, 1960, p. 393.

[6] "A Santa Tradição e a Sagrada Escritura são, portanto, vinculadas e comunicam-se estreitamente entre si. Pois ambas, gozando de uma fonte divina idêntica, não formam por assim dizer senão um todo e tendem a um mesmo fim." Pois ambas carregam e transmitem a Palavra de Deus. Entretanto, uma fórmula acrescentada no último momento não exclui totalmente a interpretação de uma complementaridade material: "Disso resulta que a Igreja não obtém apenas da Escritura sua certeza sobre todos os pontos da Revelação". *Dei Verbum*, n. 9.

[7] *Dei Verbum*, n. 24.

Introdução à teologia

III. A construção de uma teologia dogmática

A fonte da teologia dogmática é, portanto, a Escritura recebida da Tradição apostólica, lida e interpretada no corpo da Igreja, que constitui, por sua vez, ao longo dos séculos, uma nova era da Tradição. A cada época, a Igreja deve responder às questões que lhe põe a Escritura, em função da evolução da história e da diversidade das culturas. O trabalho do teólogo é primeiramente documentar-se com a própria Escritura e sobre a maneira pela qual a Igreja veiculou até então seu ensinamento. Ele está, então, em presença de duas histórias e de dois discursos. Deve ser um bom conhecedor da Escritura, sem que lhe seja exigido ser um exegeta especialista. Ele deve conhecer a hermenêutica antiga dos quatro sentidos da Escritura e o que se denomina "unanimidade" dos padres da Igreja, que evidentemente jamais é total. Ele deve também, e ainda mais, conhecer a pesquisa exegética contemporânea, a fim de poder discernir aqui também o que constitui um consenso bem amplo dos especialistas e se apoiar sobre resultados que têm direito de cidadania na Igreja. Esses resultados evoluem inevitavelmente, e está é a razão pela qual a teologia sempre deve ser refeita.

A documentação tem um aspecto desesperador, porque é quase infinita: documentos escritos em muitas línguas, tratados teológicos anteriores, liturgias, imagens, ícones e estátuas, documentos históricos acerca da relação entre Igreja e Estado, perseguições, explorações missionárias, cruzadas e outras guerras, sermões e homilias, literatura espiritual e pastoral etc., etc. É impossível fazer uma lista completa. É evidente que tal documentação é inacessível em seu conjunto a uma única pessoa. Quando se trata

Bernard Sesboüé

de uma obra importante, uma equipe pode trabalhar. Em geral, a documentação se particulariza em função do tema tratado, que impõe o conhecimento de determinada língua, de determinado dossiê histórico, de certa cultura particular. Hoje, a especialização crescente torna as coisas cada vez mais complexas. As ciências humanas fizeram, nas últimas décadas, um ingresso fracassado na teologia. Além dos modos e dos exageros, esse evento considerável aparece como irreversível.

Se a Escritura lida na Tradição viva da Igreja permanece como a fonte essencial e totalmente normativa de toda teologia dogmática, ela não basta, entretanto, para assegurar a permanência da reflexão teológica na santa ortodoxia, como a história mostrou ao excesso. A Igreja, como comunidade viva ao longo das eras, deve assegurar uma vigilância capaz de intervir em caso de crise ou simplesmente de acompanhar a pesquisa quando as coisas estão apaziguadas. Chegamos, assim, aos três lugares seguintes indicados por Melquior Cano: "O terceiro é a autoridade da Igreja Católica (...). O quarto é a autoridade dos concílios. O quinto é a autoridade da Igreja romana". O terceiro engloba os dois seguintes: a autoridade da Igreja sendo manifestada principalmente primeiro pelos concílios, depois pelas intervenções, com o tempo cada vez mais centralizadas, da Igreja romana, herdeira da cátedra petrina.

IV. O magistério e a infalibilidade da Igreja

A vigilância da Igreja expressou-se desde o início sobre o anúncio da fé, seu ensino e pesquisa em teologia. Mas ela se expressou de modos diferentes conforme a época. O termo do magistério para

Introdução à teologia

exprimir a função hierárquica da regulação da fé na Igreja, data apenas do final do século XVIII, para visar "um corpo hierárquico designável", segundo Y. Congar. É o "magistério vivo" da Igreja.

O Novo Testamento já possuía esse cuidado e essa função. Jesus e seus discípulos proclamam (*keryssô*) e ensinam (*didaskô, didaskalia, didachè*) a Palavra. Na lista dos ministros do Novo Testamento, o aspecto do ensino é sublinhado: são os apóstolos, profetas, doutores, evangelistas. Nos últimos escritos da coletânea, vemos nascer a preocupação com uma "ortodoxia", pois é preciso manter a autenticidade da fé em face dos desvios que a ameaçam. Há, com efeito, nas comunidades os "*hetero-didascales*", pessoas que "ensinam outra coisa" (1Tm 1,3; 6,3), e "*pseudo-didascales*" (2Pd 2,1), "pseudoprofetas" (1Jo 4,1). Há também "seitas", "facções" e "heresias" (*haireseis*). Vemos que os ministros da Igreja exercem uma missão de vigilância ou de sobrevigilância (*episcopo, episcopes*), que tem por finalidade manter a comunidade na unidade da fé e da caridade, permitindo guardar "a sã doutrina", ou o "são ensinamento" (1Tm 1,10; 2Tm 4,3), ou a "fé sã" (Tt 1,13).

Essa vigilância se exerce pela guarda do "depósito" (*parathèkè*, 1Tm 6,20), transmitido desde o evento fundador. Vemos, portanto, se formalizarem duas funções que correspondem àquilo que mais tarde será chamado de "magistério": o anúncio pastoral da Palavra em nome do Cristo e a regulação desse anúncio, a verificação de sua autenticidade. Essa segunda tarefa, implícita quando tudo vai bem, impõe-se em tempo de crise e de dificuldades, como em At 15, com as decisões do "Concílio de Jerusalém", recusando impor a prática dos ritos judaicos aos pagãos convertidos.

Durante os três primeiros séculos da Igreja, tal vigilância era confiada aos bispos. A convicção dos padres apostólicos era a seguinte: a Igreja vive da fé e da doutrina herdada dos apóstolos, pois há nela homens, sempre encarregados da sucessão da função oficial do ensino e de sua regulação. Eles são os guardiões da "regra da fé" (*cânon*), da "regra da verdade", ou da ordem da Tradição", segundo Irineu. A sucessão dos bispos será ligada mais tarde à concepção da "*cathedra*" episcopal. A Igreja catedral é aquela em que o bispo tem sua cátedra e ensina. Irineu e Tertuliano haviam posto em lugar de honra a noção de sucessão, a de *cathedra* o será por Cipriano, exprimindo uma realidade solidária e colegial em comunhão com a "cátedra de Pedro".

Cada bispo, contudo, não pode exercer apenas essa dupla missão, pois as comunicações entre as igrejas são frequentes. Ela a completa em comunhão com os outros bispos. A partir do século II aparecem os sínodos locais ou regionais. Eles ocorrem em certos lugares regulares, na primavera e no outono. Têm por finalidade manter a comunhão entre as igrejas e assegurar a coerência das decisões tomadas. Estas são comunicadas e se impõem aos bispos que não puderam vir. É assim que nasce uma atividade sinodal (ou conciliar) da qual o bispo de Roma, por sua vez, era partícipe. No coração dessas relações a Sé de Roma, a "*cathedra Petri*", exerce o papel daquele que "preside na caridade" e que "instrui os outros" (Inácio de Antioquia). O bispo de Roma é sucessor e vigário de Pedro. Ele intervém em caso de urgência, de necessidade ou de chamado. Mas o que predomina em tudo isso é a autoridade mesma do conteúdo da fé, a "regra da fé" é a "regra que é a fé" (genitivo subjetivo), e não o princípio de autoridade que diz a regra para a fé (genitivo objetivo). Em outras palavras, a ideia de submissão à Tradição da fé é a primeira em relação àquela devida à autoridade eclesial. O peso da Escritura e da Tradição é maior que aquele da autoridade magisterial.

Com a conversão do Império romano no início do século IV, a situação da Igreja muda: concílios ecumênicos tornam-se possíveis. Quando a Igreja é confrontada com uma grave crise, o problema torna-se rapidamente político e os imperadores têm necessidade da paz religiosa. É assim que começa no Oriente o período dos grandes concílios ecumênicos, do século IV ao IX, encarregados de resolver problemas cruciais concernentes à Trindade e à cristologia (Niceia em 325, Constantinopla I em 381, Éfeso em 431, Calcedônia em 451, Constantinopla II em 553, Constantinopla III em 680-681, Niceia II em 787 e Constantinopla IV em 870, reconhecido pelo Ocidente). O centro de gravidade está no Oriente e a sede dos concílios se aproxima cada vez mais de Constantinopla, a capital do Império.

É o imperador que convoca os concílios e os torna possíveis, colocando o posto público a serviço dos bispos. Essa grande solicitude dos "bispos do exterior" que são os imperadores e que não intervém nos debates, não ocorre sem perigo. A paz na Igreja querida pelo imperador nem sempre está a serviço da ortodoxia! Esses concílios são chamados "ecumênicos" no sentido antigo da palavra, isto é, "universais", pois convocam os bispos de toda a "terra habitada" (*oikoumenè*). Santo Agostinho morre em 430, dirigindo-se ao Concílio de Éfeso. O objeto desses concílios é realizar a enculturação da linguagem doutrinal da Igreja em meio grego. Trata-se de traduzir na linguagem do pensamento grego a mensagem cristã, expressa até então na linguagem semítica das Escrituras.

O concílio deve tomar uma decisão que confessa a fé da Igreja na verdade. Por fé é preciso entender o ato de crer e o conteúdo da fé. O concílio proclama sua adesão e sua unanimidade: "Cremos...", segundo uma fórmula, uma "homologia", uma confissão e um consenso. Ele celebra um ato teologal de fé da Igreja reunida, que vive um novo Pentecostes.[8] Para tanto, a "exposição da fé" (*ekthesis pisteos*) deve ser atualizada em função das contestações do momento, a fim de afirmar sem qualquer ambiguidade a verdadeira religião (*eusebeia*) que se opõe à heresia ou à impiedade (*asebeia*).

Essa decisão de fé engaja um discurso novo, que começa pelo emprego de termos filosóficos gregos na fórmula do Símbolo e não deixará de se desenvolver em fórmulas elaboradas e mesmo em capítulos. A finalidade é evitar qualquer "hemorragia de sentido" (Widmer) na prática das fórmulas antigas. Um "isto é" exprime a equivalência de sentido entre essas expressões antigas e as fórmulas novas. Ele discerne o sentido exato das primeiras e nesse sentido opera uma verdadeira dicção de sentido. Apresenta, portanto, um ensinamento: "Nós ensinamos que é preciso crer...", dirá o Concílio de Calcedônia. Com maior frequência, ele termina em uma definição: "O santo e grande concílio ecumênico... definiu (*hôrisen*) que...".

Fica claro que os textos conciliares (e mais geralmente os do futuro magistério) não são em nada textos fundadores da fé, como os da Escritura, mas textos *reguladores* de sua interpretação.

---

[8] O que recordará o Papa João XIII a propósito do Vaticano II.

Essas decisões têm uma forma jurídica. Elas são também atos de jurisprudência e de autoridade que ligam o crente e o teólogo em sua reflexão sobre a fé. A Igreja "faz" a verdade em relação a seu texto fundador, o que quer dizer que a decisão tomada permanece sempre relativa à afirmação do texto fundador.

Com a Idade Média, mudamos de universo e passamos do Oriente ao Ocidente. A partir de 1054, as duas metades da Igreja são divididas entre Igrejas ortodoxas de um lado e Igreja do Ocidente, sob a autoridade de Roma, de outro, que se tornará a Igreja Católica. Do ponto de vista cultural, as duas partes da Europa seguirão itinerários bem diferentes. A manutenção dos concílios ecumênicos tornou-se impossível, com exceção dos dois concílios que reunirão Oriente e Ocidente para tentar refazer a unidade: o Concílio de Lyon em 1274 e o Concílio de Florença em 1439-1445. Bulas de unidade foram assinadas pelos representantes gregos. Infelizmente, quando retornaram a seus locais, foram desaprovados por seus povos, e essas duas experiências de unidade terminaram em um fracasso. Continuaram a haver concílios gerais do Ocidente, chamados erroneamente de ecumênicos em razão da ausência do Oriente, com frequência em Roma, como os cinco concílios de Latrão (1123, 1139, 1179, 1215, 1517), os dois concílios de Lyon (1254, 1274), Viena (1312), Constância (1418) no momento do grande cisma do Ocidente, Florença (1439-1445). Esses concílios são com frequência chamados de "pontificais", pois em geral é o papa que os convoca e exerce sua total autoridade.

Contudo, o Ocidente assiste também ao nascimento das primeiras universidades e faculdades de teologia. É a tradução institucional do projeto da época sobre a teologia "como ciência", aquela que entende proceder com rigor "pelas razões" (*per rationes*) e não mais "pelas autoridades" (*per auctoritates*). O termo *magisterium* se distingue então: para São Tomás, há dois magistérios, o magistério pastoral do prelado, tendo jurisdição, e o magistério do doutor em razão da ciência, ou ainda "o magistério da cátedra pastoral" e o "magistério da cátedra magisterial". Esse magistério dos doutores se introduz no século XII e se exerce plenamente no século XIII. Os doutores e as universidades exercem então um papel de autoridade nas questões doutrinais e julgam ou comandam algumas teses. O "magistério dos teólogos" se exerce em princípio em ligação com o magistério papal, mas por vezes também de modo independente deste. Aliás, os teólogos pouco apelam em seu trabalho ao "magistério". Eles invocam os artigos da fé; interpretam as "*auctoritates*" dos padres da Igreja e se apoiam nos concílios antigos. Os teólogos gozam então de uma liberdade muito maior do que hoje, mas a regulação se exerce no interior de sua "ordem", um pouco como a atual ordem dos médicos.

A modernidade assiste à emergência da Reforma e a uma fratura durável na Igreja do Ocidente. O Concílio de Trento (1545-1563), que se abrirá a alguns meses da morte de Lutero, aporta uma resposta infelizmente muito tardia e não poderá reconciliar as igrejas, o que era sua intenção primeira. A Igreja Católica compreendeu a Reforma antes de tudo como uma revolta contra a autoridade eclesiástica. A Contrarreforma, ou antes a Reforma católica, insistirá muito nesse ponto. O magistério é objeto de uma espécie de duplicação do princípio de autoridade. Ao invés de simplesmente dizer: "a Igreja ensina isto porque isto é verdadeiro pelo testemunho da Escritura e da Tradição", ela diz: "Isto é verdadeiro porque a Igreja ensina em nome do seu magistério autêntico e legítimo". Passa-se da figura da "cristandade" à do "catolicismo".

Não haverá mais nenhum concílio antes do Vaticano I, em 1869. Isso significa que a Sé de Roma exerce praticamente a única vigilância doutrinal por meio das intervenções pontifícias. É assim que o problema do jansenismo será gerado. Com o tempo, essa Sé exercerá cada vez mais um "magistério vivo", que se exprime em particular pela produção das encíclicas papais.

A Sé apostólica, escreve Y. Congar, não exerceu, antes da época moderna, o magistério ativo de definições dogmáticas e de formulação constante da doutrina católica, que ela exerce desde o pontificado de Gregório XVI e sobretudo desde o de Pio IX. Trata-se antes, na Antiguidade cristã, como instância judiciária suprema em uma Igreja cujas assembleias de bispos formulavam habitualmente regras de vida; em seguida, na Idade Média, como moderador e juiz supremo da cristandade. (...) As querelas doutrinais eram primeiro conduzidas e amadurecidas, depois dirimidas, por uma referência imediata à Escritura e a séries de textos patrísticos: logo, por uma espécie de magistério da própria Tradição.[9]

O século XIX formalizou, portanto, a função do magistério, cuja palavra terá seu sentido atual de linguagem oficial em 1835. A Igreja dispõe, escreve Gregório XVI, por instituição divina de um poder de "magistério para ensinar e definir o que concerne à fé e aos costumes e interpretar as Sagradas Escrituras sem qual-

---

[9] Yves Congar. *Tradition et traditions*, I. Paris, Cerf, 1960, p. 234.

Bernard Sesboüé

quer perigo de erro".[10] Pio IX retoma a mesma afirmação em 1849: "Não se pode se revoltar contra a fé católica sem rejeitar ao mesmo tempo a autoridade da Igreja romana, na qual reside um magistério irreformável da fé (*fidei irreformabile magisterium*), fundado pelo divino redentor e no qual, por essa razão, a Tradição que vem dos apóstolos sempre foi conservada".[11] A encíclica papal é um gênero literário codificado no século XVIII por Bento XIV, mas opera sob um novo regime a partir de Gregório XVI e de Pio IX. É também a época do nascimento do Denzinger, coletânea oficiosa de documentos oficiais com finalidade pedagógica, mas que traduziu a importância crescente da referência ao magistério no ensinamento da teologia. A obra conhecerá um sucesso constante e será sucessivamente atualizada por grandes teólogos (C. Banwart, J. B. Umberg, K. Rahner, A. Schönmetzer) ao longo de 37 edições até a última edição bilíngue em 1996.[12]

O Concílio Vaticano I, cujo objeto principal foi a definição da infalibilidade pontifical, sublinhará fortemente a importância do magistério. Essa definição foi objeto de intensos debates entre os "infalibilistas" e uma minoria importante. Para compreendê-la de fato é preciso considerar todos os limites que ela exprime. Eis

---

[10] Gregório XVI. Encíclica endereçada ao clero da Suíça, citada por Y. Congar. Pour une histoire sémantique du terme *"magisterium"*. *Rev. Sc. Ph. Th.*, p. 95.

[11] Pio IX. Encíclica *Nostis et nobiscum*, de 8 de dezembro de 1849, citada por Y. Congar, ibid.

[12] Heinrich Denzinger. *Symboles et définitions de la foi catholique*, editado por P. Hünermann para a edição original e por J. Hoffmann para a edição francesa. 37. ed. Paris, Cerf, 1996 (ed. bras.: Denzinger; Hünermann. *Compêndio dos símbolos, definições e declarações de fé e moral*. São Paulo, Paulinas/Loyola, 2007).

o texto do coração da definição (enumerado para facilitar seu comentário):

> 1. Eis por que, apoiando-nos fielmente na Tradição recebida desde a origem da fé cristã, para a glória de Deus Nosso Salvador, para a exaltação da religião católica e para a salvação do povo cristão,
>
> 2. com a aprovação do santo concílio, nós ensinamos e definimos que é um dogma revelado por Deus que
>
> 3. o romano pontífice quando fala *ex cathedra*, isto é, quando, exercendo seu cargo de pastor e de doutor de todos os cristãos, define, em virtude de sua suprema autoridade apostólica,
>
> 4. que uma doutrina em matéria de fé ou de moral deve ser sustentada por toda a Igreja,
>
> 5. gozando, em virtude da assistência divina que lhe foi prometida na pessoa de Pedro, dessa infalibilidade da qual divino redentor quis que fosse provida sua Igreja quando ela define a doutrina sobre a fé e a moral.
>
> 6. Em consequência, tais definições do romano pontífice são irreformáveis em si mesmas e não em virtude do consentimento da Igreja.

1) A introdução solene afirma que a nova definição não é uma novidade na fé, mas expressão de uma fidelidade à Tradição original, isto é, à vigilância doutrinal exercida desde os inícios da Igreja, sem dúvida sob forma bem diferente.

2) O *nós* que fala é o plural da majestade do próprio papa, aprovada pelo concílio. Os antigos concílios falam em seu próprio nome, sendo pressuposto que ensinam em comunhão com o papa.

Bernard Sesboüé

3) O papa deve falar *ex cathedra*, isto é, "da cátedra de Pedro", nela engajando formalmente a autoridade do sucessor de Pedro. A solenidade das expressões a sublinha. Essa intenção deve ser manifestada e isenta de qualquer dúvida de direito ou de fato. Qualquer dúvida tornaria essa definição inválida.

4) A doutrina definida deve concernir à fé ou à moral. O verbo empregado é "sustentada", enquanto esperaríamos "crida". Esse termo foi escolhido para manter a abertura à possibilidade de uma definição referente a um ponto não revelado, mas julgado indispensável para a salvaguarda da fé.

5) Quando todas essas condições são preenchidas, o papa goza da infalibilidade confiada a toda a Igreja. O movimento do pensamento não vai aqui do papa à Igreja, como se a infalibilidade desta última dependesse daquela do papa, mas da Igreja ao papa: a infalibilidade da Igreja pode se reunir naquela do papa, enquanto ela representa toda a Igreja. Pois o primeiro sujeito universal de infalibilidade, conforme a promessa de Jesus, é a Igreja.

6) A frase final associa as ideias de infalibilidade e irreformabilidade. Esta concerne à visada essencial da afirmação definida e não à forma de sua expressão, que sempre pode ser melhorada. A totalidade da última fórmula foi sentida dolorosamente por aqueles que eram reticentes à definição. Ela se opõe formalmente à tese gálica de 1682, na qual a assembleia do clero francês afirmava um direito obrigatório de confirmação pelo episcopado de uma definição papal.

Já encontramos a definição do dogma dada pelo Vaticano I.[13] O concílio exprimiu também a distinção formal entre o magisté-

---

[13] Cf. supra, p. 78.

110

Introdução à teologia

rio solene ou extraordinário, isto é, aquele do concílio e do papa (falando *ex cathedra*), e o magistério ordinário e universal, isto é, aquele do papa e dos bispos, quando ensinam correntemente uma doutrina como pertencente à fé. Tomemos como exemplo a doutrina da Trindade, que era ensinada antes do Concílio de Niceia no quadro desse magistério. É claro que nem todos os artigos da fé cristã são objeto de uma definição solene: ela não intervém senão quando a necessidade se faz sentir.

Não se pode negar que a "mentalidade do dogma" que presidiu todas essas afirmações introduziu na prática da teologia escolar uma tendência à "inflação dogmática", buscando se estender tanto à autoridade magisterial quanto ao conteúdo das coisas definidas. Será atribuído durante muito tempo ao soberano pontífice um "magistério ordinário" pessoal e, portanto, infalível.[14] Aceitaríamos que o conteúdo das encíclicas poderia ser infalível. O teólogo Vacant estimava que o *Syllabus* de Pio IX estava recoberto pela infalibilidade.[15] Essa mentalidade reinou até a metade do século XX, apesar da sábia regra do Direito Canônico de 1917: "Se o romano pontífice não fala *ex cathedra*, ou se ele faz uso do ministério de uma congregação ou de um outro ofício de sua cúria, a

---

[14] O que é um grave e perigoso erro. Não há magistério ordinário senão o magistério universal do papa e dos bispos considerados em conjunto. O magistério pessoal do papa é um "magistério autêntico", o que é bem outra coisa, cf. B. Sesboüé. "Magistère ordinaire" et "magistère authentique", *RSR*, 84/2, 1996, p. 267-275. Por trás desses subtítulos jurídicos se escondem elementos de grande importância.

[15] Tese que será objeto de uma refutação de 150 páginas por parte do Padre Choupin em seu livro *Valeur des décisions doctrinales et disciplinaires du Saint-Siège*. Paris, Beauchesne, 1929.

adesão é igualmente requerida, mas em um grau menor que não implica a fé".[16]

O Concílio Vaticano II, em 1962-1965, retoma a doutrina do magistério, mas sublinha que o magistério[17] não está acima da Palavra de Deus, à qual ele escuta e serve. Lembra ainda que todo o povo de Deus é o sujeito da infalibilidade na fé:

> O conjunto dos fiéis que receberam a unção do Espírito Santo, não pode falhar na fé, e manifesta essa propriedade que lhe é particular por meio do sentido sobrenatural da fé de todo povo, quando "desde os bispos até o último dos fiéis leigos", exprime seu consentimento universal em matéria de fé e de costumes.[18]

***

Acabamos de analisar de algum modo a morfologia da teologia dogmática: sua finalidade, seu estatuto, sua fonte e as referências maiores que lhe são próprias. Resta-nos agora abordar sua sintaxe, isto é, sua operação concreta e suas grandes realizações ao longo da história da Igreja, desde seu nascimento na época patrística até as grandes sínteses na teologia da modernidade, passando pela época criadora das *Sumas* medievais.

---

[16] Regra retomada de maneira um pouco diferente no Código de Direito Canônico de 1983, can. 752.

[17] *Dei Verbum*, n. 10.

[18] *Lumen gentium*, n. 12.

CAPÍTULO IV

Nascimento e expansão da teologia dogmática

Agora é preciso abordar as grandes realizações da teologia dogmática, desde sua eclosão até o final da Idade Média. O próximo capítulo nos conduzirá à nossa atualidade.

I. A primeira eclosão da teologia dogmática: os padres da Igreja

De modo hipotético, tomemos como ponto de partida o momento posterior à constituição e à recepção do Novo Testamento, ainda que fosse perfeitamente legítimo considerar a obra paulina como a primeira exposição de uma teologia dogmática cristã. A palavra dos padres apostólicos ainda não foi totalmente proferida. Eles descobrem progressivamente o Novo Testamento, cuja riqueza de algum modo lhes reduziu ao silêncio. Sua palavra produz progressivamente relatos apócrifos dos quais alguns são considerados

113

como pertencentes ao Novo Testamento. Seus gêneros literários privilegiados são histórias de apóstolos (*Atos de Pedro e de Paulo*), apocalipses (dos quais o mais importante é o *Pastor* de Hermas), e as cartas pastorais, tais como as de Paulo: a *Didachè* ou doutrina dos doze apóstolos, a carta do Pseudo-Barnabé, a primeira carta de Clemente de Roma, as sete cartas de Inácio de Antioquia, a carta de Policarpo de Esmirna aos filipenses, a Apologia anônima endereçada *A Diogneto*, ou os primeiros relatos dos mártires. Esses documentos são escritos pastorais, destinados a encorajar a vida cristã das primeiras comunidades, ou obras litúrgicas, catequéticas ou já canônicas. São muito importantes por causa de sua grande antiguidade e do testemunho comovente que nos dão de sua fé. Mas não têm qualquer pretensão de fazer teologia propriamente dita. Um pouco mais tarde vemos nascer as primeiras apologias do Cristianismo (Justino, Taciano e alguns outros), nas quais questões propriamente doutrinais são evocadas no diálogo com os judeus e os pagãos. Mas ainda estamos longe de um projeto propriamente teológico. Entretanto, é de uma dessas obras que provém, no final do século II, o primeiro esboço de uma teologia propriamente cristã com Irineu de Lyon. Será preciso esperar o início do século III para registrar sob a pena de Orígenes o primeiro tratado de teologia dogmática, o *Tratado dos princípios*.

Irineu de Lyon: do discurso contra os heréticos à construção de uma teologia

Irineu (cerca de 130-140 – cerca de 202-208), grego da Ásia menor, nasce provavelmente em Esmirna (Szmir), bispo de Lyon na segunda metade do século II, foi pioneiro entre os padres da

Igreja. Ele nos diz ter encontrado o velho Policarpo de Esmirna que afirmava ter conhecido o apóstolo São João. Ele é reconhecido como "o pai da dogmática cristã". Com efeito, ele logo percebe que em sua época já existe uma teologia que se pretende cristã, mas que se desenvolveu a partir da Escritura, fora de qualquer regra de fé. A gnose, ou o gnosticismo, é uma doutrina fundada sobre a obtenção da salvação pelo conhecimento, isto é, de um saber esotérico, que permite ao gnóstico retornar ao seu eu original e divino. Para Irineu, a única gnose verdadeira é o Cristianismo. Qualquer outra gnose é mentirosa.

O que Irineu quer fazer em sua grande obra intitulada por seu autor como *Denúncia e refutação da gnose de nome enganador*, mais conhecida com o título de *Contra as heresias* (*Adversus haereses*)? As teses religiosas dos gnósticos conhecem um verdadeiro sucesso nas comunidades cristãs: há o perigo e a urgência de reagir. A intenção, portanto, é deliberadamente polêmica. O autor não tem qualquer ilusão sobre as chances de convencer seus adversários. Mas ele quer conter sua influência sobre os cristãos. Sua grande obra contra as heresias se compreende bem se considerarmos quatro pontos de partida ou intenções maiores, que se cruzam e se sucedem em seu texto: o ponto de partida polêmico, o ponto de partida eclesial, o ponto de partida escriturístico, o ponto de partida temático ou teológico. É este último ponto de partida que aqui nos interessa, mas são os três primeiros que conduzem ao nascimento da primeira teologia dogmática. A obra não é de modo algum uma exposição pacífica, conduzida segundo um plano bem previsto.

1. *O ponto de partida polêmico* é o primeiro segundo a intenção. A primeira refutação consiste na descrição de teses que ofendem o

simples bom senso. Esse ponto de partida polêmico permanecerá presente nos outros livros em que as argumentações escriturísticas sempre visarão às teses gnósticas. A grande superioridade de Irineu sobre seus predecessores na luta contra a gnose provém de ele ter feito o esforço de conhecer com precisão o pensamento de seus adversários. Nisso ele é muito moderno.

2. *O ponto de partida eclesial*: em face dos sedutores gnósticos, é preciso lembrar a *regra eclesial da fé* ou *regra de verdade*, que se exprime em particular no Símbolo de fé. Essas oposições contribuem para endurecer as respectivas posições e alimentam à sua maneira o desenvolvimento da heresia. Este livro será estruturado a partir de uma fórmula binária de fé, que se resume em duas afirmações maiores: um só Deus, um só Cristo. A prova pelas Escrituras é totalmente governada por essa referência ao Símbolo eclesial de fé. Irineu estabelece aqui, de modo consciente, as bases do que se tornará progressivamente uma exposição de teologia dogmática.

3. *O ponto de partida escriturístico*. A refutação pela razão deixa Irineu insatisfeito. A única prova verdadeira contra os gnósticos é aquela que diz respeito às Escrituras conforme a regra de fé. Irineu se lança, portanto, em uma leitura do Novo Testamento com o cuidado essencial de mostrar o acordo entre os profetas, isto é, entre o Antigo e o Novo Testamentos. Ele esperava concluir o trabalho em um único livro. Mas serão necessários três para se terminar a obra. Ele passa em revista os quatro Evangelhos, depois as palavras do Senhor e, enfim, as palavras de Paulo. Estas serão decisivas para a escolha das intuições que comandarão a estrutura de sua teologia. Em Irineu, vemos a teologia seguir simplesmente a leitura das Escrituras, com a preocupação constante de mostrar seu acordo e sua coerência.

4. O ponto de partida temático ou teológico. No quadro dessa longa leitura, Irineu insere progressivamente um certo número de reflexões propriamente teológicas nas quais ele prolonga e explicita as grandes intuições de São Paulo e de São João, articulando-as entre si. Constrói progressivamente um conjunto coerente, quase já sistemático, apresentando uma teologia da história da salvação centrada em torno da noção de *recapitulação* de todas as coisas no Cristo. Tornou-se urgente apresentar a verdadeira doutrina cristã da salvação. A fórmula de fé não basta mais: deve ser comentada e desenvolvida, deve manifestar sua racionalidade própria. Deve se fazer "teologia dogmática".

No Novo Testamento, o termo recapitulação aparece apenas uma vez a propósito do Cristo, na Epístola aos Efésios: "recapitular (*anakephaialôsasthai*) o universo inteiro em um único Senhor, o Cristo" (Ef 1,10). Irineu fará desse termo um verdadeiro conceito, capaz de exprimir a unidade de toda a história da salvação. Jamais esquece seus recursos retóricos, os do resumo de um discurso, e do "atalho". Nesse termo, o teólogo engloba quatro conotações: *assumir*, encarregar-se do universo, para sua salvação; *recriar*, renovar, liberar a humanidade que se tornou pecadora; *acabar* e consumar o desígnio de Deus; enfim, *reconciliar* todas as coisas.

Podem-se distinguir três tempos na doutrina da recapitulação em Irineu:

– O desígnio da recapitulação já presente em Deus na criação original.

Bernard Sesboüé

A criação de Adão, com efeito, é feita em vista do Cristo, pois Adão é predestinado, bem como todos nós, a ser adotado como filho de Deus no Cristo.

> [Lucas] dá a entender que o Senhor é o único que recapitulou em si mesmo todas as nações dispersas a partir de Adão, todas as línguas e as gerações dos homens, incluindo o próprio Adão. É também por isso que Paulo chama Adão "a prefiguração daquele que deveria vir" (Rm 5,14): pois o Verbo, artesão de todas as coisas, havia esboçado antes em Adão a futura "economia" da humanidade da qual se revestiria o Filho de Deus, Deus tendo estabelecido em primeiro lugar o homem psíquico, a fim de que fosse, de modo evidente, salvo pelo homem espiritual. Com efeito, na medida em que já existia aquele que salvaria, seria preciso que fosse salvo vindo também à existência, a fim de que esse Salvador não fosse sem razão de ser.[1]

Esse texto é paradoxal, pois ele inverte a motivação da encarnação: o Salvador não surge porque o homem pecou; ele preexistia ao homem salvo. O desígnio da recapitulação no Cristo passa pela dependência mútua do homem que se acostumou a habitar no homem.

– A realização desse desígnio no centro da história pelo evento da vida, da morte e da ressurreição do Cristo.

> Não há senão um só Deus, o Pai, e um só Cristo Jesus, nosso Senhor, que passou por todas as "economias" e que tudo recapitulou em si. Nesse todo está também compreendida a

---

[1] *CH* III, 22,3, op. cit., p. 385.

Introdução à teologia

obra modelada por Deus: portanto, nele também recapitulou o homem, de invisível tornando-se visível, de inapreensível, apreensível, de impassível, passível, de Verbo, homem. Tudo recapitulou em si mesmo, a fim de que tudo como o Verbo de Deus tem a primazia sobre os seres supracelestes, espirituais e invisíveis, a tenha também sobre os seres visíveis e corpóreos, assumindo nele essa primazia e se constituindo em si mesmo cabeça da Igreja (cf. Cl 1,18), a fim de tudo atrair no momento oportuno.[2]

Essa recapitulação tem um aspecto cósmico: o Cristo é simbolicamente inscrito em forma de cruz no universo visível, que ele sustenta como criador. Eis por que ele foi suspenso no madeiro da cruz. Também recapitulou a desobediência de Adão por sua obediência na ocasião das tentações do deserto. Trouxe-nos a salvação "como um atalho".

– O acabamento escatológico da recapitulação no final dos tempos com o retorno de Cristo, sua segunda "*parousia* do alto dos céus na glória do Pai para recapitular o universo e ressuscitar toda carne de todo o gênero humano".[3] O fim exprimirá perfeitamente o que já estava em causa desde o projeto original.

Tal foi o primeiro esboço de uma teologia dogmática em que vemos todo o entusiasmo de uma fé jovem que descobre as belezas da história da salvação.

---

[2] *CH* III, 16,6, op. cit., p. 352.
[3] *CH* I, 10,1, op. cit., p. 65.

Bernard Sesboüé

Orígenes: o Tratado dos princípios, primeiro tratado teológico da história

De Irineu passamos a Orígenes,[4] o primeiro autor de um tratado sistemático de teologia dogmática. O grande alexandrino nasceu em torno de 185, de uma família cristã de Alexandria, na qual ele se beneficiou de duas boas formações, clássica e cristã. Cristão entusiasta, toma ao pé da letra os conselhos evangélicos e se emascula a si mesmo. Seu bispo lhe confia a instrução dos catecúmenos na escola de Alexandria. Confia-lhe, em seguida, um ensino de tipo universitário de filosofia e teologia. Ele viaja e se faz ordenar sacerdote por bispos amigos, apesar de sua mutilação: isso será a causa de sua ruptura com seu bispo. Em 232, instala-se primeiro em Atenas, depois definitivamente em Cesareia, onde vive uma segunda carreira intelectual. Morre em torno de 255, com 70 anos, pouco após sua libertação da prisão, o que lhe fez perder o título de mártir. Em seu caso, estamos diante de um verdadeiro *scholar*.

1. *À luz do Credo*. Orígenes escreveu muito: uma grande obra apologética, o *Contra Celso*, no qual ele responde ao potente ataque de um campeão da cultura grega. É um homem da Escritura: trabalha seu texto com minúcia e publica as *Hexaplas* (apresentação em seis colunas dos textos e de suas diferentes traduções); comenta numerosos livros escriturísticos. O que nos interessa aqui é seu *Tratado dos princípios* (*Peri Archôn*), primeiro tratado de teologia da história cristã, proposto com um plano e um método. Seu título

---

[4] Sobre Orígenes, cf. J. Daniélou. *Origène*. Paris, La Table Ronde, 1948; H. de Lubac. *Histoire et Esprit. L'intelligence de l'Écriture d'après Origène*. Paris, Aubier-Monteigne, 1950.

Introdução à teologia

é tomado da tradição filosófica, que entende tratar dos primeiros princípios "ontológicos" das coisas. Ora, o Cristianismo quer ser a única verdadeira "filosofia"; deve, portanto, fornecer tratados doutrinais capazes de demonstrar seu pensamento. Um passo considerável é dado em relação a Irineu, que deixava seu pensamento se desenvolver da refutação dos gnósticos a partir da Escrituras. Orígenes pretende expor, comentar e interpretar o conjunto do mistério cristão da maneira mais sistemática possível.

Ele estimava que toda verdade provém do Cristo e, constatando a diversidade das opiniões entre os cristãos acerca de coisas importantes, estabelece como referência fundamental a regra de fé. "Parece, então, necessário definir, sobre cada um desses pontos, o que é certo e expor claramente a regra de fé, antes de continuar nossa investigação."[5]

Entende, portanto, ao mesmo tempo recordar a "regra eclesiástica" e continuar a investigação sobre o que ainda é aberto ou incerto. É uma tarefa que lhe deixaram os apóstolos. Ela exige que se dê sentido ao Credo. Mas essa tarefa é particularmente difícil, pois está em seu início. Orígenes se engaja num terreno ainda amplamente virgem e corre o risco de cometer erros. Isso lhe será muito reprovado mais tarde. Mas ele é modesto e sabe fazer reservas em certas afirmações. Seu percurso será um vaivém entre enunciado do conteúdo do Credo, sua justificação à luz da Escritura de um lado, e a exposição "lógica" das razões que fazem com que esse Credo tenha sentido. Esse trabalho será balizado pelo texto do Credo que Orígenes recebe da Escritura e da Tradição no estado

---

[5] *Tratado dos princípios* (=*PA*), Prefácio 2; SC 252, p. 79.

em que se encontra no início do século III. O teólogo começa por recolher esse Credo, em sua fórmula tradicional, confessando o Pai, o Filho e o Espírito Santo, que integra à confissão do Filho toda a sequência cristológica. Acrescentará alguns pontos de antropologia (a alma, a ressurreição dos mortos, o livre-arbítrio e a vontade).

2. *Primeiro ciclo de tratados ou exposição geral.* Em um primeiro movimento de reflexão, Orígenes retoma a exposição sintética concernente ao Pai, ao Filho e ao Espírito Santo, que são os três "princípios" da fé cristã. Em seguida, aborda o mundo das criaturas racionais, pois não há meio-termo entre Deus e as criaturas racionais. Por criaturas racionais, é preciso entender os anjos e os homens. Mas é preciso não esquecer todos os que se tornaram demônios por sua própria vontade. Orígenes deixa também entrever uma queda das almas numa vida anterior, o que é um erro. Mas ele diferencia o que se impõe em nome da regra de fé e a hipótese teológica proposta por aquele que tenta compreender melhor o mistério. Um terceiro tratado tratará do mundo visível, isto é, do mundo cósmico, e colocará a questão de seu começo e de seu fim, o qual ele deixa à livre opção de seu leitor.

3. *Segundo ciclo de tratados ou questões particulares.* Agora, Orígenes aborda questões mais precisas que são importantes, sendo dada a situação polêmica do momento. Retoma a prova de que foi o próprio Deus que inspirou o Antigo e o Novo Testamentos. Reafirma o paradoxo da encarnação a partir da noção bíblica de mediador. Retorna à unicidade do Espírito Santo nos dois Testamentos e ao problema da alma humana, que o preocupa sempre. Aborda as questões concernentes aos fins últimos, "segundo o

Introdução à teologia

ensinamento da pregação eclesiástica":[6] a ressurreição, os castigos e o juízo. Retoma pela terceira vez a questão do livre-arbítrio, terminando pela demonologia e a afirmação de que o mundo criado teve um começo e é perecível.

4. Enfim, Orígenes situa no final da obra um tratado de interpretação das Escrituras, que lhe é particularmente caro. Trata-se, desta vez, de um tratado metodológico. Ele sabe que o texto das Escrituras apresenta de início um problema. A Bíblia, de outro lado, é um livro de conteúdo por vezes grosseiro e que fere o público cultivado. Ela contém também histórias pouco recomendáveis. Por essa razão, Orígenes desenvolve sua concepção do triplo sentido das Escrituras, que ele opõe ao literalismo judaico, que só considera o sentido corporal. A tripartição antropológica entre *corpo*, *alma* e *espírito* comporta muitas variantes. A *carne* da Escritura é a objetividade do que narra o texto; sua *alma* é a lição moral que o texto contém; enfim, o sentido *espiritual* revela a realidade celeste expressa na forma de símbolos e sombras. A intenção do Espírito é, portanto, complexa: ela oculta sob o sentido corporal o sentido espiritual, a fim de melhor permitir a descoberta para aqueles que o buscam para além das obscuridades. Mas o alexandrino tem em seu alicerce mais dois apoios a partir dos quais a Idade Média elaborará o dístico célebre dos quatro sentidos da Escritura.[7]

A conclusão do tratado é intitulada "recapitulação", no sentido retórico do termo, e faz ainda algumas precisões. O autor está consciente, no termo de seu trabalho, de ter ido além da exposição

---

[6] *PA* II, 10,1, p. 375.
[7] Cf. supra, p. 21.

123

da história da salvação. Apresentou um conhecimento pelas *causas* e se entregou a uma investigação ontológica e lógica. Construiu uma exposição doutrinal coerente que apresenta uma inteligibilidade, sinal privilegiado de sua verdade.

A contribuição de Santo Agostinho

O século IV é considerado a época de ouro da patrística. Os grandes nomes nele se multiplicam: Atanásio de Alexandria, os capadócios: Basílio de Cesareia, seu irmão Gregório de Nissa e seu amigo Gregório de Nazianzo; Ambrósio de Milão, Hilário de Poitiers, Atanásio do Ocidente, Cirilo de Jerusalém, Teodoro de Mopsuéstia, João Crisóstomo e, mais tarde, Cirilo de Alexandria. É a época dos grandes debates trinitários e cristológicos, em que serão produzidos numerosos tratados sobre esses dois temas. A teologia dogmática ainda não está ocupada em elaborar sínteses, mas em cruzar os problemas de linguagem, que deveriam permitir exprimir de modo autêntico o conteúdo da fé cristã no mundo cultural grego. É a época da primeira elaboração das relações trinitárias e da fórmula dogmática trinitária, "uma só natureza ou substância em três hipóstases ou pessoas".[8] E, mais tarde, a elaboração da fórmula cristológica do Concílio de Calcedônia:

> Segundo, portanto, os Santos Padres, ensinamos de modo unânime que confessamos um único e mesmo Filho, nosso Senhor Jesus Cristo, o mesmo, perfeito em divindade e o mesmo perfeito em humanidade, o mesmo verdadeiramente Deus e verdadeiramente homem [composto] de uma alma racional e de um corpo,

---

[8] Fórmula adotada pelo sínodo oriental de 382 e retomada em 553, *DzH* 421.

Introdução à teologia

consubstancial ao Pai segundo a divindade e consubstancial a nós segundo a humanidade, em tudo semelhante a nós, menos no pecado, antes dos séculos engendrado do Pai segundo a divindade, e nos últimos dias o mesmo [engendrado] para nós e para nossa salvação da Virgem Maria, Mãe de Deus, segundo a humanidade, um único e mesmo Cristo, Senhor, o único engendrado, reconhecido em duas naturezas, sem confusão, sem mudança, sem divisão e sem separação.[9]

Esse período foi, portanto, extremamente fecundo para o desenvolvimento do dogma: deu à Igreja as duas fórmulas essenciais, a da Trindade e a da cristologia.

Detenhamo-nos agora na figura de Santo Agostinho,[10] cuja obra é imensa, ao mesmo tempo filosófica, apologética e teológica. Agostinho nasce em Tagaste, na Numídia (leste da Argélia). Em 371, parte para Cartago para seguir o curso de retórica e de Direito. Despreza a religião de sua mãe e se orienta para a filosofia. Transforma-se, em seguida, em membro da seita maniqueísta. Em 384, torna-se titular da cátedra de retórica de Milão, e ouve, então, as pregações de Ambrósio, que o reconcilia com as Escrituras. Inscreve-se no catecumenato de Milão, onde é batizado por Ambrósio em 387. Retorna à África e ali conduz a vida monástica. É ordenado sacerdote em Hipona, em 391, tornando-se bispo, e se entrega a uma intensa atividade de pregações e de escrita de

---

[9] DzH 301-302a.

[10] Sobre Agostinho, de uma bibliografia inumerável, cf. I. Bochet. *Augustin dans la pensée de Paul Ricoeur*. Paris, Éd. Facultés Jésuites, 2004; E. Gilson. *Introduction à l'étude de Saint Augustin*. Paris, Vrin, 1949; G. Madec. *Le Dieu d'Augustin*. Paris, Cerf, 1998.

125

Bernard Sesboüé

livros. Engaja-se na luta contra os donatistas, os pelagianos e os maniqueístas. Morre em 430, um ano antes do Concílio de Éfeso.

1. O tratado sobre *A Trindade* é sua obra teológica e dogmática maior. Agostinho herda todo o trabalho da teologia grega sobre a questão, e em particular a argumentação escriturística. Retoma-a a sua própria maneira. Mas está perfeitamente consciente das contestações contemporâneas que não se satisfazem mais com respostas já conhecidas e "as tomam por injúrias pessoais". Mas a teologia dogmática não teve um tempo de atraso?

Por vezes, é verdade, lhes apresentamos razões que não são aquelas que eles esperam, quando nos interrogam sobre Deus, porque eles mesmos não são capazes de obtê-las, ou ainda porque nós, talvez, não as podemos conceber e exprimir.[11]

Essas pessoas atacam a fé em nome da razão, pela qual têm um apego desregrado. Mas Agostinho escuta-as e pretende lhes responder. O que neles é protesto e recusa, para o teólogo se faz questão e provoca sua investigação. Por isso, elabora um tratado em duas grandes partes: a primeira será a justificação da fé em nome da autoridade da Escritura, numa espécie de recapitulação do trabalho dos padres gregos. Mas, em seguida, Agostinho deve dar razão (*reddere rationem*) do mistério cristão no plano das novas questões:

> Essas razões nos determinam a procurar, com a ajuda do Senhor nosso Deus, conforme nos pedem e de acordo com nossa possibilidade, dar razão (*reddere rationem*), esta mesma razão

---

[11] Agostinho. *A Trindade*, I, 1,3; BA 15, p. 983.

Introdução à teologia

que eles requerem de nós, pelo fato de que a Trindade é um único e verdadeiro Deus, e que é exato dizer, crer e compreender que o Pai, o Filho e o Espírito Santo são uma única e idêntica substância.[12]

Contudo, Agostinho está perfeitamente consciente dos perigos dessa operação: corre o risco de se enganar e de ser acusado de ideias perigosas. Assim, endereça-se a seu leitor com uma grande modéstia:

> Em consequência, que meu leitor, se comunga plenamente de minha certeza, percorra o caminho comigo; se partilha de minhas dúvidas, que busque comigo; se reconhece-se no erro, que retorne a mim; se me surpreende, que me demova. É assim que avançaremos juntos no caminho da caridade.[13]

Até o final do livro IV, Agostinho expõe o mistério trinitário a partir das Escrituras e à luz da regra da fé. Sua leitura da Escritura é já muito racional, como era nos padres gregos. Mas, agora, é preciso passar da *fé raciocinante* à *razão crente*, dizendo o quê? No primeiro caso, o centro de gravidade da reflexão encontra-se no domínio da fé que busca compreender por si; no segundo caso, passa-se para o lado da razão, que estabelece uma aporia lógica a ser conciliada. Em outras palavras, passa-se da leitura da Escritura (*lectio*), que dá conta do conteúdo da fé, a uma questão particular (*quaestio*), posta pela razão ao conteúdo da fé e que demanda sua

---

[12] Ibid., I, 2, 4; p. 95. "De uma única e mesma substância" é a tradução do *consubstancial* nicênico.

[13] Ibid., I, 5, 8; p. 109.

127

solução lógica. Agostinho lhe consagra dois terços de sua obra em duas vagas sucessivas: primeiro, uma investigação a partir das categorias lógicas de Aristóteles, na qual explora a descoberta de Basílio de Cesareia sobre os nomes relativos que não multiplicam a Trindade.[14] Mas essa via não parece satisfazer e o teólogo muda de pista para empreender uma investigação a partir da ampla rede de imagens da Trindade em nosso mundo: por exemplo, a trilogia da alma, do conhecimento e do amor (*mens, notitia, amor*), ou, ainda, a da memória, da inteligência e da vontade (*memoria, intelligentia, voluntas*). Agostinho esclarece a processão do Espírito Santo, mostrando que este deve ter com o Filho uma relação de origem para poder distinguir-se dele (*Filioque*).

2. *Uma atividade teológica multiforme.* Em teologia, a intervenção de Agostinho não foi apenas sobre a questão trinitária. Preocupa-se com os problemas da graça e do pecado, em sua luta contra Pelágio e Juliano de Eclana. Não é verdadeiro dizer que ele "inventou" o dogma do pecado original. Mas ele é o autor da expressão "pecado original", ali onde os padres gregos falavam de maneira mais objetiva de *corrupção*. K. Rahner perguntou se a introdução desse conceito ambíguo, sendo dada a analogia evidente do conceito de pecado entre pecado original e os pecados atuais, foi feliz para a vida da Igreja. Mas furtamo-nos aqui da necessidade de uma regulação da linguagem para a teologia e o dogma. Em seus tempos de velhice, Agostinho endureceu suas

---

[14] Os nomes de Pai e de Filho são puramente relativos: um pai é pai simplesmente porque tem um filho. Nada dizem sobre a substância ou natureza do pai. Um pai pode ser um homem ou qualquer animal. Em Deus, esses nomes relativos bastam para distinguir as três pessoas que partilham entre si uma mesma e única substância ou natureza.

Introdução à teologia

posições a respeito do tema da relação entre graça e liberdade e não será senão um agostinismo moderado que a Igreja conservará. Infelizmente, o jansenismo supervalorizará os próprios excessos do mestre. Agostinho deixa também atrás de si uma imensa obra apologética de perspectivas culturais muito amplas, *A cidade de Deus*. Sua influência se imporá na Igreja durante toda a Idade Média e além. Ele foi um verdadeiro transmissor entre a época dos padres da Igreja e a Idade Média.

3. *A racionalidade da época patrística* fez passar a consideração teológica da economia da salvação, com um Irineu, à teologia, no sentido que os padres davam a esse termo, com Orígenes, Atanásio e Basílio de Cesareia. Com Agostinho, esse pensamento toma consciência de seus próprios limites e aborda um domínio novo de racionalidade. Ela passa, como vimos, da fé raciocinante à razão crente. Não está mais centrada na elaboração de uma linguagem coerente, como foi o caso para as fórmulas dogmáticas sobre a Trindade e a cristologia. Ela se volta para a interpretação ontológica e lógica dos dogmas. Nascerá uma nova época da reflexão em teologia dogmática.

II. A Idade Média e as grandes *Sumas de teologia*

A passagem da patrística à escolástica ou das autoridades às razões: Boécio

Com a fineza habitual de seu juízo, São Tomás de Aquino assim diagnostica a passagem da patrística à escolástica:

129

Há duas maneiras de tratar a Trindade, como diz Agostinho em seu primeiro livro *De Trinitate*, a saber, pelas autoridades e pelos raciocínios (*per auctoritates et per rationes*); Agostinho adotou ambas as maneiras, como ele mesmo diz. Com efeito, alguns dos santos padres, por exemplo, Ambrósio e Hilário, detiveram-se apenas a uma delas, a que procede pelas autoridades. Boécio, ao contrário, escolheu empregar a segunda maneira, a que procede por raciocínios, pressupondo o que os outros haviam seguido pelas autoridades. Por tal razão, a forma dessa obra é designada por esta palavra: "Buscarei", na qual é designada a investigação racional.[15]

As autoridades são as da Escritura e os testemunhos da tradição anterior da Igreja. As razões são as da justificação dos dados da fé pela análise racional, metafísica e a lógica, por seu conteúdo, e o questionamento de sua coerência. Agostinho, em seu tratado sobre *A Trindade*, empregou, como vimos, sucessivamente os dois métodos de investigação. Mas ainda não conferiu uma forma ao segundo. Aparecia ainda muito desordenado e seguindo diferentes pistas. Esta forma, que marcará com sua impressão, de maneira decisiva, toda a Idade Média, é a da questão (*quaestio*), da qual Boécio será o inventor.

Boécio (cerca de 480-524), filho de uma família de patrícios de Roma, recebe uma educação cuidadosa. Foi um intelectual renomado, matemático, filósofo e teólogo. Homem político que chegou ao cargo de cônsul, viu sua carreira subitamente interrompida sob

---

[15] São Tomás de Aquino. *Expositio super Boetium De Trinitate* (*Opusc.* XVI). Ed. Mandonnet, III, p. 191 (ed. bras.: *Comentário ao Tratado da Trindade de Boécio*. São Paulo, Editora Unesp, 2005).

o pretexto de traição do rei Teodorico. Aprisionado e julgado sem poder se defender, condenado à morte e executado com 44 anos, escreveu na prisão seu livro mais célebre, *A consolação da filosofia*.[16] Sua obra filosófica, sobretudo de ordem lógica, é importante. Ele ocupa nessa disciplina o mesmo lugar que Agostinho em teologia, entre o pensamento grego e o mundo intelectual ocidental. Em teologia, Boécio nos deixou duas *quaestiones*, uma que trata da Trindade e outra acerca da unidade das duas naturezas na pessoa do Cristo. A segunda contém a famosa definição de pessoa, que será retomada no Ocidente durante séculos.[17] Boécio foi um homem que soube conferir uma forma e um método rigoroso à questão e seu trabalho foi "recebido".

A questão de Boécio sobre a Trindade é formulada da seguinte maneira:

> *Como a Trindade é um único Deus e não três deuses.* Uma questão que foi objeto de longas investigações, na medida em que a luz divina quis acender a pequena chama de nosso espírito, uma questão instruída por raciocínios (*formatam rationibus*) e consignada por escrito, eis o que tive o cuidado de vos apresentar e de vos comunicar, tanto por desejo de conhecer vosso juízo quanto por apego ao que descobrimos.[18]

O título do opúsculo é uma *questão*. O autor inaugura um novo gênero literário que atravessará toda a Idade Média e entende

---

[16] Ed. bras.: São Paulo, Martins Fontes, 2010.

[17] "A pessoa é uma natureza individual de natureza racional" (*Persona est naturae rationalis individua substantia*).

[18] Boécio. *Quomodo Trinitas unus Deus...*, *P.L.* 64, col. 1246-48.

tratar de temas com método e concisão segundo um rigor lógico total. "Por tal razão concentro o estilo com brevidade", diz ele. O texto se reduz a uma argumentação. Há a questão porque há duas hipóteses, e trata-se de provar uma excluindo a outra. A Trindade não constitui três deuses, mas um só. Se a doutrina é explicitamente agostiniana, o método é propriamente aristotélico. Boécio apoia-se na tábua das categorias do filósofo a fim de eliminar qualquer possibilidade de pluralidade em Deus, exceto aquela que é devida à relação e que em nada compromete sua substância divina.

No primeiro capítulo, o autor recorda a posição católica: o Pai é Deus, o Filho é Deus, o Espírito Santo é Deus, logo, Pai, Filho e Espírito Santo são um só Deus e não três deuses. No segundo capítulo ele explica que a substância divina é uma forma pura, sem matéria. Por isso ela é una, pura e simplesmente o que ela é. O terceiro capítulo mostra que, por tal razão, não há na substância divina nenhum número. O quarto demonstra que em Deus não há acidente, pois a substância de Deus é idêntica a todas as suas qualidades. No quinto capítulo Boécio passa, então, à categoria da relação. Os termos *servo* e *senhor* designam realidades relativas, e de modo algum o que são as realidades em questão. Pai e Filho, portanto, são idênticos, exceto em sua mútua relação. Esta não cria qualquer alteridade de substância entre eles. Enfim, no capítulo sexto, ele mostra que o número em Deus não provém senão da atribuição da relação. A unidade é mantida e não há entre eles nenhuma diferença de substância e de operação.

A questão trata de uma aporia situada no coração do mistério cristão: a conciliação entre a unidade e a Trindade em Deus. Os três últimos capítulos acertarão seu conteúdo por um *Quomodo*: a

Introdução à teologia

questão se torna precisa dizendo respeito ao como. Ela supõe que no coração do mistério trinitário uma conciliação racional é possível e explicável por meio de raciocínios necessários que forçam à adesão. A razão deve dar conta de um paradoxo, se a fé do crente não deve repousar sobre uma contradição grosseira. Trata-se agora de argumentar a partir da razão comum e de provar a conciliação entre o um e o três, qualquer que seja a transcendência do mistério em si mesmo. Essa investigação, completamente lógica, é austera e não satisfaz senão a fina ponta do espírito. Ela não falará ao coração do crente e não lhe trará a mesma consolação espiritual que o discurso patrístico. A aridez do novo discurso levará a novas subdivisões no exercício da teologia, em particular a teologia espiritual. A finalidade é aqui fazer com que a teologia seja elevada ao estatuto de ciência, no sentido em que podemos dar à palavra nesta época, isto é, de uma disciplina que respeita os cânones lógicos que presidem o desenvolvimento do pensamento. É a lógica de Aristóteles que aqui está em jogo, e o método é o da exclusão lógica.

O nascimento da escolástica.
Da quaestio às Sumas teológicas

Boécio é fruto de seu tempo. Exercerá, por sua vez, uma influência decisiva com o nascimento da escolástica, que atinge seu cume no século XIII, com Tomás de Aquino e Boaventura. Mas o século XII já assiste à emergência de grandes nomes: Anselmo de Cantuária (1033-1109), autor do que será chamado de "argumento ontológico", no qual Deus é demonstrado por sua própria ideia; Pedro Abelardo (1079-1142), espírito particularmente brilhante e notável dialético; Gilberto de la Porrée (cerca de 1075-1154), que

Bernard Sesboüé

formulou a teoria da *quaestio* como aquela que surge quando duas afirmações razoáveis parecem ser contraditórias; Pedro Lombardo (1100/1110-1160), autor da primeira *Suma de sentenças*.

Pedro Lombardo, originário de Novara, na Lombardia, vai a Paris para concluir seus estudos. Ali permanece para ensinar, antes de se tornar bispo de Paris. A obra que lhe tornou célebre por muito tempo foi o conjunto dos *Quatro livros sobre as sentenças*, concluído em 1151. Essa obra é associada a seu nome de "Mestre das sentenças" e foi a grande *Suma* medieval, que se tornará o manual clássico e incontornável dos estudos teológicos, a ponto de os mestres que seguiram Lombardo deverem começar seu ensino propondo um comentário de suas sentenças: Alberto Magno, Tomás de Aquino, Boaventura etc.

Pedro Lombardo divide sua obra em quatro livros, cada qual com certo número de capítulos, que em seguida se tornaram, nas mãos dos comentadores e com grande liberdade, *distinções*. O livro I estuda a Trindade e a unidade de Deus, seus atributos e suas obras. O livro II aborda a criação: a obra dos seus dias, a graça, o pecado, a antropologia e a angeologia. O livro III trata da encarnação e da cristologia, da redenção, das virtudes teologais e dos mandamentos. O livro IV termina com os sacramentos e os fins últimos. Pedro Lombardo, com sua *Suma*, estabelece o plano geral da teologia dogmática que se imporá durante séculos. Seus numerosos comentadores o retomarão por necessidade e o reproduzirão em suas obras originais. Ele é inovador em sua exposição sistemática do septenário sacramental, que se encontra pela primeira vez em sua obra, e que se torna um dado dogmático. Sobre as relações entre fé e razão, Lombardo é infinitamente mais prudente que Abelardo, a quem ele muito leu. A razão deve sempre ceder à fé em caso de conflito. Nos debates entre os dialéticos e seus adversários, ele pretende guardar um justo equilíbrio. Sua atitude intelectual é a de um moderado, mais pedagogo que filósofo e, sem dúvida, menos dotado que seus predecessores. É muito engajado na forma nova que a teologia assume e sua informação é vasta. É o conjunto dessas qualidades médias que será a causa de seu sucesso nas escolas. Sua obra se impõe e se torna, ao lado das autoridades antigas, um texto (*liber textus*) de referência.

A alta escolástica: Tomás de Aquino

No século XIII, o método escolástico chega ao ápice de sua maturidade. Ele se torna obra das duas grandes ordens religiosas recentemente fundadas: os dominicanos, com Alberto Magno (1200-1280) e Tomás de Aquino (1228-1274), e os franciscanos, com Boaventura (1217-1274).

Tomás de Aquino,[19] o "doutor angélico", foi estudante em Nápoles, onde se familiariza com Aristóteles. Ingressa nos dominicanos em 1244 e é enviado a Paris, onde se torna aluno de Alberto Magno. Ensina sucessivamente em Paris, depois na Itália (Nápoles, Orviedo, Roma), de novo em Paris e, enfim, em Nápoles. Morre dirigindo-se ao Concílio de Lyon, em 1274. Seu ensinamento compreende, além dos comentários da Escritura, o *Comentário às sentenças* de Pedro Lombardo, as *Questões disputadas*, a *Suma*

---

[19] Sobre São Tomás, ver a bibliografia geral. E. Gilson. *Le Thomisme. Introduction à la théologie de saint Thomas d'Aquin*. Paris, Vrin, 1972; J. P. Torrell. *Initiation à saint Thomas d'Aquin. Sa personne e son oeuvre*. Paris-Fribourg, Cerf, 1993.

contra os gentios e a *Suma teológica*, deixada inacabada. Esse mestre teólogo foi também um grande místico. Tomás de Aquino situa-se após a segunda redescoberta de Aristóteles no Ocidente, a de sua *Metafísica*. A teologia como ciência assume agora toda uma filosofia, que pretende, além da lógica, dar conta da ontologia.

O *Comentário às sentenças* de Pedro Lombardo. O jovem Tomás de Aquino começa seu ensino segundo a prática da universidade medieval: dedica-se primeiramente à *lectio*, começando pelos livros da Escritura. Em seguida, passa ao ensino doutrinal e se lança no *Comentário dos quatro livros das sentenças* de Pedro Lombardo, que se tornou o *texto* de base a ser comentado. Ele é obrigado a entrar no plano elaborado por seu predecessor, do qual se libertará mais tarde na *Suma teológica*. Adentra no texto do mestre e mostra suas divisões, a fim de fundar as de seu comentário. Levanta, igualmente, novas questões. De fato, trata-se de uma nova exposição da fé, de uma nova *Suma* doutrinal escrita com todas as exigências científicas e racionais requeridas por seu tempo. Essa obra permanecerá a referência principal de seu pensamento durante ao menos dois séculos.

A *Suma contra os gentios*. Em 1258, Tomás de Aquino se põe a trabalhar, sem vínculo com um ensino imediato, para escrever uma *Suma contra os gentios*. Quem são os gentios em causa? Segundo uma antiga tradição, Tomás teria respondido ao pedido de Raimundo de Peñaforte, muito preocupado com a presença ativa dos mouros nas terras da Espanha, para fornecer aos missionários em regiões islamisadas um manual sério de referência. Mas o conteúdo da obra em nada corresponde a essa intenção. Ele parece mesmo ignorar a religião muçulmana. Uma outra interpretação coloca todo o acento no termo *gentios*, em geral usado por Tomás no sentido de *pagãos*. Com esse termo, o autor visaria a todos os erros dos pensadores não cristãos, pagãos, judeus e heréticos, antigos ou contemporâneos. A *Suma* seria, portanto, uma obra antes de tudo apologética, como é dito em seu início: "Início do livro da verdade da fé católica contra os erros dos infiéis". Ela parece visar sobretudo aos "infiéis dos tempos passados" e aos pagãos da Antiguidade. Entretanto, Aristóteles permanecerá como a grande autoridade nessa *Suma*, a partir da qual ele refutará os erros da filosofia pagã até os platônicos. Com os judeus, ele debate a partir do Antigo Testamento; com os heréticos, a partir do Antigo e do Novo Testamento; com os maometanos e os pagãos, a partir da razão comum "à qual todos são obrigados a dar sua adesão". Nessa obra, Tomás se liberta da forma estrita da *questão*. O livro é constituído de capítulos cujos títulos são afirmações. O autor anuncia já de início sua própria tese. Pois a obra não é destinada à formação dos iniciantes e não há forma escolar a ser respeitada. É um livro de investigação teológica no qual as argumentações especulativas ocupam um lugar importante.

O primeiro livro trata de Deus, sua existência, suas perfeições, seu livre-arbítrio. O segundo trata da criação como ato divino, em seguida das criaturas, sobretudo as intelectuais. O terceiro livro considera Deus como finalidade das criaturas, em particular do ser humano, sua providência e seu governo, a lei, a moral, a graça. Enfim, o quarto livro versa sobre o mistério da Trindade, a obra da salvação, a encarnação redentora, os sacramentos da Igreja e a ressurreição final. Os três primeiros livros tratam essencialmente dos dados da fé acessíveis à razão. A exposição do mistério cristão é deixada para o final.

A *Suma teológica*. É com uma idade já avançada que Tomás de Aquino põe-se a elaborar sua própria *Suma* de teologia, que deixará inacabada, interrompida ao longo da abordagem do sacramento da Penitência. Ele retorna a uma exposição escolar, destinada aos iniciantes. A obra será construída segundo a técnica pedagógica da *questão*, cada uma sendo dividida em um certo número de artigos. O artigo é a unidade elementar que circunscreve um tema que é objeto de uma questão. Cada artigo coloca a interrogação: *o que é* (... *utrum*...?), anunciando um *pró* e um *contra* que darão lugar a duas posições contraditórias. O artigo começa pelo enunciado de um certo número de razões que num primeiro sentido estão em relação com a questão posta. De fato, essas razões representam objeções à futura determinação do mestre. Num primeiro momento, é oposta apenas um "Mas, em contrário (*Sed contra*)", constituída por um texto da Escritura, de um padre da Igreja ou do filósofo (Aristóteles), conforme a natureza do problema posto. É o único momento em que uma autoridade intervém na direção do que o autor assumirá. Ele apresenta, então, sua *determinatio*, com o famoso: "Respondo, dizendo que... (*Respondeo dicendum quod*...)". Esse parágrafo é o corpo do artigo, no qual o mestre aporta sua resposta pessoal, fazendo em geral uma distinção esclarecedora e propondo argumentos que ele julga decisivos e que ele reúne em uma síntese doutrinal. A conclusão do processo exige que respostas precisas sejam dadas aos questionamentos iniciais que iam em outro sentido. Todo esse desejo corresponde a um desejo de pedagogo. O leitor é convidado a fazer o movimento da questão e a abandonar sua

Introdução à teologia

posição inicial. As distinções lhe permitem estabelecer uma série das diferentes ordens de resposta. De artigo em artigo, de maneira, sem dúvida, muito decomposta, ele vê construir-se uma doutrina. Tomás entende expor teologicamente a fé segundo uma ordem (*ordo disciplinae*) da qual ele já é o único mestre. A questão do plano é, portanto, capital para ele. Seus predecessores em geral seguiam uma ordem histórica, o mistério cristão sendo realizado na história. Mas essa ordem histórica não é satisfatória para o dialético especulativo que quer chegar às razões necessárias, a exemplo de Aristóteles. Pois a história é por excelência o lugar da contingência. Ela não é capaz de fundar uma *ordo disciplinae* rigorosa, operando segundo o encadeamento de razões. Essa exigência volta Tomás em direção a um tema platônico de natureza racional, o da processão e do retorno. Na medida em que o objeto da teologia é Deus, a *Suma teológica* será constituída segundo o duplo movimento do *exitus*, Deus mesmo e a saída de todas as coisas de Deus a partir do ato criador, e do *reditus*, isto é, do retorno de todas as coisas a Deus como seu fim. Tudo isso se impõe. Entretanto, o teólogo deve integrar o dado histórico essencial ao Cristianismo, na medida em que a salvação, ou o retorno, não nos é dada senão pelo evento do Cristo Jesus. Essa é a razão pela qual uma terceira parte tratará da salvação trazida pelo Cristo. Essa passagem da história à razão é vivida na época como um progresso, que torna o Cristianismo capaz de debater com todos os sistemas de pensamento. Muitas separações entre conteúdos conexos podem surpreender. O último lugar reservado ao Cristo é também objeto de questão: não se tornaria um "acréscimo"? Também nossa época exprimirá o desejo de retornar a uma teologia da história da salvação, em razão de uma concepção totalmente diversa da inteligência das coisas.

Embora inacabada, a *Suma teológica* representa o estado mais completo do pensamento teológico de Tomás de Aquino e, sem dúvida, de toda a escolástica. Não se pode senão admirar a inteligência com a qual ele ilumina todas as correspondências inscritas na fé cristã, o que faz dela um conjunto organizado que a torna bela.

Boaventura e a tradição franciscana

Ao lado de Tomás coloca-se seu homólogo franciscano contemporâneo, Boaventura, o "doutor seráfico". As duas ordens, dominicana e franciscana, nasceram na mesma época e manifestam uma igual vocação para a teologia.

Como Tomás, Boaventura é italiano: nasceu próximo a Orvieto, em torno de 1217. Ingressa como estudante na Faculdade de Artes de Paris e entra na Ordem franciscana em 1243. Continua seus estudos sob a orientação de Alexandre de Halès. Em seguida, ensina seguindo o curso normal dos professores. Em 1257, é eleito ministro-geral de sua Ordem. Faz, então, carreira de pregador na Itália e na França e é eleito cardeal-bispo de Albano em 1273. Ele abrirá o Concílio de Lyon de 1274, antes de ali morrer no mesmo ano que Tomás de Aquino. Viveu sob o carisma de Francisco de Assis, fiel a seu espírito de simplicidade, oração e pobreza.

Como seu confrade dominicano, Boaventura comenta a Escritura e escreve um *Comentário às sentenças de Pedro Lombardo*. Esse texto segue as distinções estabelecidas por Lombardo e observa uma subdivisão muito complexa e diferente daquela de São Tomás.

As *partes* se compõem de um certo número de *artigos*, que trazem uma série de *questões*. A questão corresponde, portanto, ao artigo em São Tomás. A estrutura de cada uma comporta o enunciado dos argumentos pró e contra, em seguida a resposta do autor e, enfim, a resposta às objeções.

Boaventura se desprende, em seguida, desse tipo de ensino do qual ele constata senão o volume, a erudição e complexidade que acabam por causar desgosto nos estudantes. Ele escreve, então, um *Breviloqium*, ou *Discurso breve*, dele fazendo um manual de teologia mais utilizável, mais despojado e mais meditativo, mas que nada tem de um resumo. Nessa obra original, faz seu pensamento progredir. Sua economia geral retorna à ordem histórica e permanece muito simples: I. A Trindade divina; II. O mundo, criatura de Deus; III. A corrupção devida ao pecado; IV. A encarnação do Verbo; V. A graça do Espírito Santo. VI. Os remédios sacramentais; VII. O juízo final.

O *Itinerário da mente para Deus* (*Itineratium mentis in Deum*) é uma obra tanto teológica como espiritual, sendo esta última dimensão muito presente na obra de Boaventura. Ele consagrará muitas obras e muitos sermões, em particular as conferências *Sobre os dez mandamentos* e sobre *Os seis dias da criação*. Sua teologia é uma outra bela ilustração do método escolástico. Sua finalidade ainda é a de dar razão da fé de maneira construída e ordenada. Ele conhece Aristóteles e o utiliza, mas não lhe dá o crédito quase incondicional de São Tomás. Suas opções especulativas são sensivelmente diferentes das de seu irmão dominicano. Boaventura coloca sempre o Cristo no centro de sua reflexão, na moral e na política, na metafísica e na teologia. Isso se mostra em sua maneira de abordar o tema da encarnação. Deus é, antes de tudo, amor. Esse pensamento tem um lado prático e concreto e se pretende muito respeitoso dos dados da história da salvação.

A escolástica franciscana produziu em seguida uma série de grandes teólogos. João Duns Scoto (cerca de 1265-1308), o "doutor sutil", escocês que se tornou franciscano, também comenta as *Sentenças* de Pedro Lombardo e ensina em Oxford, em Paris e em Colônia. Fez com que a teologia da Imaculada Conceição de Maria tivesse progressos e foi muito venerado por causa disso. O vigor de seu pensamento, voluntarista e com acentos já modernos, fará dele o grande doutor franciscano do século XIV e originará uma escola escotista. Guilherme de Ockham (fim do século XIII) foi aluno de Duns Scoto em Oxford. Filósofo nominalista[20] e individualista, é um teólogo de pensamento com frequência paradoxal e que dá lugar a interpretações contraditórias. Foi possível ver nele tanto um precursor de Lutero quanto um testemunho da grande ortodoxia católica. É, certamente, portador de algumas sementes da modernidade.

---

[20] Corrente epistemológica e metafísica para a qual "os conceitos gerais não são conceitos que correspondem verdadeiramente às essências, mas simplesmente nomes (*nomina*) comuns aplicados a uma multiplicidade de realidades em si absolutamente individuais". K. Rahner/H. Vorgrimler. *Petit dictionnaire de théologie catholique*. Paris, Seuil, 1970, p. 315.

CAPÍTULO V

A teologia dogmática: da modernidade à época contemporânea

O século XVI é o do Renascimento e da Reforma. Com ele, começa aquilo que geralmente é chamado de "tempos modernos". A "modernidade" dá seus primeiros passos. Essa mudança cultural terá uma incidência inevitável sobre a teologia dogmática e conduzirá, de século em século, a uma profunda evolução de seu projeto e de seu método.

I. Os séculos XVI e XVII

No início, a teologia escolástica sempre está em situação de "posse" nas universidades: ela dará lugar de um lado a novos mestres, como Suarez, e, de outro, a uma série de grandes comentadores das obras da escolástica, como Tomás de Vio, dito Cajetan, em particular. Esses comentários em seguida serão autoridades, com o risco de difundir na escolástica tardia opiniões muito reiteradas, que não se encontram na escolástica original. Mas, no século XVI, essa escolástica traz em si sinais de decadências: ela não mais é inventiva, suas repetições e seus refinamentos exagerados provocam a lassidão e se prestam à caricatura. Não corresponde mais ao novo movimento da pesquisa teológica. O estudo objetivo da doutrina sagrada não basta. O que está na ordem do dia são as questões que o ser humano faz sobre si mesmo. O primeiro a ter traduzido no plano teológico essa passagem à subjetividade foi Martinho Lutero (1483-1546).[1] O sucesso imprevisto de seu discurso teológico mostra seu acordo com a sensibilidade de seu tempo e inaugura uma nova era da fé. Lutero escreveu obras importantes, mas nenhuma exposição teológica de conjunto da fé.

A grande resposta da Igreja Católica à Reforma será a reunião do Concílio de Trento, de 1546 a 1563. Esse concílio deveria ser o da reconciliação, mas foi o concílio da separação interina e confirmada. Ele, com efeito, intervém com um imenso atraso em relação aos acontecimentos, no ano da morte de Lutero, em um momento em que as Igrejas luteranas já estão constituídas, e se realiza sob o signo da prorrogação indefinidamente repetida. Ele trata do pecado original, da justificação e dos sacramentos, isto é, do objeto do contencioso posto pela Reforma. Intervirá simultaneamente no plano das reformas necessárias na Igreja e no plano

---

[1] Sobre Lutero: Y. Congar. *Martin Luther. Sa foi. Sa Réforme. Études de théologie historique.* Paris, Cerf, 1983; L. Febvre. *Un destin. Martin Luther.* Paris, 1928, 1988; M. Lienhard. *L'Évangile et l'Église chez Luther.* Paris, Rieder, 1991.

doutrinal. Sua influência sobre o futuro da Igreja Católica será decisiva até a metade do século XX.

Lutero permanece como a figura de proa da Reforma protestante. É o testemunho de uma "nova figura da fé", que confere todo espaço à subjetividade da consciência. Deus me vê como seu amigo ou como seu inimigo? Essa experiência é amplamente compartilhada por seus contemporâneos e se imporá, tal como se pode ver em um católico como Inácio de Loyola. No plano teológico, Lutero escreve obras importantes para o debate em curso, mas nenhuma exposição teológica sistemática. Sua obra é sobretudo a dos *Catecismos*, um novo gênero literário do qual ele é o iniciador e que será retomado pela Igreja Católica.

Na França, a segunda geração da Reforma é dominada pela figura de João Calvino (1509-1564).[2] Após o caso dos Panfletos (1534),[3] Calvino troca a França por Bâle, onde publica em latim a primeira edição das *Instituições cristãs* em 1536, que em seguida ele traduz em francês, em 1541, e que o ocupará até 1560, com uma série de reedições aumentadas. Essa obra é importante, não apenas por seu conteúdo teológico, mas por sua iniciativa e sua data: é a primeira vez que uma obra teológica é publicada em francês, num estilo simples e familiar. A obra corresponde à mesma finalidade das *Sumas* medievais. O próprio Calvino emprega o termo "suma da religião cristã" em sua apresentação ao leitor, mas em um clima cultural bem diferente dos escolásticos. Como São Tomás, Calvi-

---

[2] Sobre Calvino, cf. A. Ganoczy. *Calvin théologien de l'Église et du ministère*. Paris, Cerf, 1964; *Le jeune Calvin*. Wiesbaden, Steiner Verlag, 1966.

[3] Iniciativa protestante de afixar panfletos de protesto em Paris e Amboise, até mesmo na porta da câmara real, desencadeando uma perseguição da parte de Francisco I.

Bernard Sesboüé

no entende ensinar a totalidade da fé cristã e apresentá-la em boa ordem. Ele é tanto herdeiro da Tradição católica quanto agente de uma grande novidade.

O século XVII assiste à ascensão ao poder da "modernidade": a filosofia, com Descartes, Hobbes e Espinoza, adquire autonomia em relação à teologia, o que corresponde a uma nova relação entre fé e razão e a uma certa secularização da sociedade. A teologia, numa Igreja do Ocidente já dividida entre católicos e protestantes, torna-se uma *teologia de controvérsia*. A exposição dogmática da fé á agora habitada pela preocupação apologética da defesa confessional. Os adversários estão de acordo em pensar que a escolástica metafísica chegou ao seu limite e que o problema da inteligência da fé não segue mais o plano especulativo, mas histórico, pois trata-se antes de tudo de dizer e de provar onde se encontra a verdadeira Igreja.

O grande representante católico da teologia de controvérsia foi Roberto Belarmino (Bellarmino, 1542-1621), jesuíta italiano, professor de teologia durante muito tempo, primeiro em Louvain, depois na Alemanha e na Inglaterra, finalmente e sobretudo no colégio romano (1576), de onde se torna reitor (1592) antes de ser nomeado cardeal. Belarmino é autor de uma espécie de suma teológica, intitulada *Disputationes* ou *Discussões sobre as controvérsias acerca da fé cristã contra os heréticos deste tempo*.[4] Belarmino pretende dar uma resposta tanto histórica quanto teológica sobre os artigos discutidos da fé. Ele foi universalmente considerado o primeiro polemista da Igreja Católica e chamado "martelo dos hereges". Sua obra, que abrange o conjunto da doutrina, pretende-se

---

[4] R. Belarmino. *Opera omnia*, t. 1-4. Paris, Pedone Lauriel, 1872.

Introdução à teologia

tanto dogmática quanto apologética. Seu bom conhecimento dos padres da Igreja e sua imensa erudição lhe permitem escrever uma obra mais histórica que especulativa. Ele é ultramontano e confere grande espaço à autoridade do papa, mas sempre respeitoso com a pessoa de seus adversários. Sua obra exerce grande influência. Liberta-se da problemática da *questão* e faz a exposição teológica passar à *tese*.

Com um espírito que confere grande espaço à história, é preciso assinalar o ressurgimento da teologia positiva já evocado na série de teologias provindas da dogmática.[5] É preciso citar Maldonato (1533-1583), Denis Petau (1583-1652), Jean Bolland (1596-1665), fundador dos bolandianos, Louis Thomassin (1619-1695), Jean Mabillon (1632-1707), Louis Sébastien Lenain de Tillemont (1637-1698).

Podemos aqui fazer uma anotação sobre o século XVIII, o século das Luzes, tão fecundo em obras filosóficas de primeira ordem: David Hume (1711-1776), Jean-Jacques Rousseau (1712-1778), sobretudo Immanuel Kant (1724-1804) e muitos outros. A teologia, de outro lado, fica praticamente muda nesse século em que a evolução das ideias é tão importante. Esse quadro teológico é bem representativo da situação geral da Igreja dessa época.

II. A renovação do século XIX

Após a tormenta revolucionária na Europa, a teologia europeia conhece um despertar a partir da época romântica. Ela não pode

---

[5] Cf., supra, p. 25-28.

147

ignorar a evolução cultural engendrada pelas novas filosofias e, em particular, pelo idealismo alemão. Novas escolas teológicas se constituem tanto do lado católico quanto do protestante. Na Alemanha, a escola fundada em Tübingen, por Johann Sebastian von Drey (1777-1853), depois ilustrada por Johann-Adam Möhler (1796-1838),[6] integra a história e a doutrina dos padres da Igreja, enquanto a ciência alemã, sobretudo protestante, desenvolve o estudo da história dos dogmas. Na Inglaterra, a experiência pessoal de Newman (1801-1890), o convertido de Oxford, foi determinada pela pesquisa histórica da verdadeira Igreja provinda dos apóstolos. Pôs a experiência viva de sua própria fé no coração de sua investigação teológica; quis escrever uma exposição sistemática da teologia anglicana, considerada uma *via media* entre catolicismo e protestantismo. Sua evolução interior permitiu-lhe retomar de forma nova a difícil questão do desenvolvimento do dogma no quadro do conflito de autenticidade entre a comunhão anglicana e a Igreja Católica romana. Seu *Ensaio sobre o desenvolvimento da doutrina cristã* permanecerá durante muito tempo uma obra incontornável sobre o tema.

Do lado das escolas católicas, é preciso assinalar Matthias Scheeben (1835-1888), formado na Universidade Gregoriana de Roma, onde foi aluno de Carlo Passaglia, Clemens Schrader, Jean-Baptiste Franzelin e Joseph Kleutgen. Ele depende, portanto, da escola romana e participa da corrente neoescolástica, que também tentava renovar a teologia pelo estudo dos padres da Igreja e acolhia a influência de Möhler. Ele publicou em particular *Os*

---

[6] Sobre Möhler, cf. Michel Deneken. *Johann-Adam Möhler*. Paris, Cerf, 2007.

mistérios do cristianismo, tratados segundo sua organicidade a partir da Trindade e da Encarnação. Sua obra exerce influência real no ensino da teologia nos seminários.

III. No século XX: as grandes dogmáticas

O século XX permanece na história como um grande século teológico, tanto no campo da exegese bíblica quanto no da teologia dogmática. Inaugurado à sombra da crise modernista, viveu uma evolução profunda que o emancipou dos restos da teologia escolástica e permitiu uma verdadeira reconciliação entre a história e o dogma católico. Uma plêiade de teólogos contribuiu para essa renovação das problemáticas. Entre eles, destacam-se três grandes nomes que não pouparam esforços para realizar uma síntese de conjunto dos dados da fé e que realizaram em nossa época algo equivalente ao que foram as grandes *Sumas teológicas* medievais. Esses três teólogos, destacados aqui dentre muitos outros, são Karl Barth (1886-1968), Hans Urs von Balthasar (1905-1988) e Karl Rahner (1904-1984).

Karl Barth e sua *Dogmática eclesiástica*

A apresentação da dogmática de K. Barth impõe-se por duas razões:[7] primeiro, por seu valor intrínseco, além de ter sido o teólogo protestante que mais esteve em diálogo com os teólogos

---

[7] Elementos bibliográficos: H. Urs von Balthasar. Karl Barth. *Présentation et interprétation de sa théologie.* Trad. E. Iborra. Paris, Cerf, 2008; H. Bouillard. *Karl Barth,* I. *Génese et évolution de lá théologie dialectique*; II. *Parole de Dieu et existence humaine* (2 v.). Paris, Aubier-Montaigne, 1957; H. Küng. *La justification: la doctrine de Karl Barth, réflexion catholique.* Trad. H. Rochais e J. Evrard. Paris, DDB, 1965;

Bernard Sesboüé

católicos: basta citar Erich Przywara, Hans Urs von Balthasar, Henri Bouillard e Hans Küng.

Karl Barth, nascido em Bâle, em 1886, foi pastor durante doze anos em seu país, em seguida ensinou teologia em diversas universidades alemás, como Göttingen, Münster e Bonn. Destituído de sua cátedra em 1934 pelo regime nazista, retorna à Suíça e continua a ensinar em Bâle. Vive em relação muito cordial com seu compatriota católico Hans Urs von Balthasar. Em 1957, Henri Bouillard escreve uma tese notável sobre sua obra. Barth seguiu de perto a evolução do catolicismo aberta pelo Concílio Vaticano II, num diálogo cada vez mais integrado. Morreu em 1968.

Foi um teólogo muito lido e contribuiu para uma vigorosa renovação da teologia protestante entre as duas grandes guerras, dominada até então pela corrente da teologia liberal. "Ele quis restabelecer uma teologia fiel à Bíblia e ao pensamento dos reformadores" (H. Bouillard). Seu pensamento foi particularmente abrupto, sobretudo no início, em que desenvolveu uma teologia "dialética". Seu cuidado em sublinhar a absoluta transcendência de Deus, que é o totalmente Outro, o conduz a explicar a atitude divina para com o homem, como a inversão de um "não" absoluto expresso ao ser humano pecador em um "sim" absoluto dado em Jesus Cristo ressuscitado. Essa inversão se reencontra na do crente, que continua o que era, mas sendo transformado em um homem novo. Tudo isso é expresso no *Comentário à Epístola aos romanos*, publicado em 1919, tendo grande sucesso. Com o tempo seu pensa-

---

D. Müller. *Karl Barth*. Paris, Cerf, 2005; O. Weber. *La dogmatique de Karl Barth*. Genebra, Labor et Fides, 1954.

mento teológico evolui: a partir de 1927, o tema da negação crítica é substituído pelo da fidelidade de Deus. Barth tenta introduzir a revelação na história e põe em relevo o "sim" de Deus ao homem. Não mais se serve das palavras "dialética" e "paradoxo".

1. Apresentação da *Dogmática*

Em meio a uma produção prodigiosa, a obra dogmática maior de K. Barth foi sua grande *Dogmática eclesiástica*, que o ocupa de 1927 até sua morte e que ele deixará inacabada, apesar da publicação de doze volumes em alemão, que constituem 26 na tradução francesa (Genebra, Labor et Fides).

Prolegômenos: A Palavra de Deus, critério da dogmática (1º volume, de 1932).

A Palavra de Deus não se apoia em nada além de si mesma. Ela é o único critério da dogmática. É preciso, portanto, fornecer de início uma doutrina completa da Palavra de Deus. A pregação da Igreja é matéria da dogmática. Há três formas da Palavra de Deus: a palavra pregada, a palavra escrita e a palavra revelada. A pregação da Igreja é Palavra de Deus na medida em que ela se fundamenta na Escritura. Esta é também Palavra de Deus, que se fundamenta, por sua vez, na revelação de Deus em Jesus Cristo. Em sua última forma, a revelação fundamenta-se em si mesma, pois ela não é distinta de Deus. A Palavra de Deus, portanto, apresenta-se a nós na forma humana, pela palavra de Jesus, pelas palavras da Escritura e pela palavra pregada. Tudo isso é humano, mas Deus se exprime nela.

Em que consiste a Palavra de Deus? É a revelação do Deus trinitário, Pai, Filho e Espírito Santo. É a encarnação da Palavra de Deus, o Verbo, sua encarnação redentora e a realidade objetiva da revelação. É a efusão do Espírito Santo, realizada na Escritura que torna presente a revelação em todos os tempos e que goza de uma autoridade absoluta na Igreja. É também a pregação da Igreja que deve estar em acordo com a Palavra de Deus atestada na Escritura. A dogmática deve ser bíblica, confessional e eclesial.

A doutrina de Deus: o conhecimento de Deus; a realidade de Deus; a eleição gratuita de Deus; o mandamento de Deus (2º volume, de 1940-1942).

Não há conhecimento de Deus senão pelo Cristo e a revelação no Cristo. Não há teologia natural legítima, ou seja, não pode haver uma prova simplesmente racional de Deus. Só conhecemos a Deus por Deus. Deus é em seu ser o que ele é em sua revelação, aquele que ama na liberdade. A doutrina da eleição divina ou da predestinação é um capítulo capital. Barth abandona a doutrina de Calvino a esse respeito. A eleição é o ato pelo qual Deus, em Jesus Cristo, é ele mesmo o que elege e o que é eleito. Deus troca sua situação com a do ser humano. O Cristo é o único homem rejeitado, pois nele todos os homens são eleitos. Eles o são por intermédio da comunidade de Israel, a Igreja. A aliança é graça e mandamento. A lei divina toma a forma do Evangelho. A ética fundamenta-se no mandamento de Deus.

A doutrina da criação: a obra da criação; o Criador; o Criador e sua criatura; o mandamento de Deus, criador (4 volumes, 1945-1951).

Tal doutrina corresponde principalmente à obra do Pai. O sentido da criação é o de constituir o campo em que se desdobrará a história da aliança, da qual Jesus Cristo é o início, o meio e o fim. Essa história é a finalidade da criação, que é o início da história da Aliança. A revelação do Cristo manifesta o "sim" de Deus à criação. Esta só é conhecida pela revelação.

Antropologia: o ser humano é criatura e a natureza humana permanece por entre o pecado e a graça. Apesar do pecado, a natureza humana continua boa. Mas é em Jesus Cristo que conhecemos essa natureza boa. Não podemos conhecê-la pela filosofia: os fenômenos humanos acessíveis à filosofia não são a natureza humana. Podemos falar aqui de "redução cristológica".

O Cristo é o homem para Deus: somos colaboradores de Deus e essa destinação nos confere nossa natureza. Jesus Cristo é também o homem para os outros homens. É o humano em sua totalidade. É o mestre do tempo.

A doutrina da reconciliação: o objeto e os problemas da doutrina da reconciliação; Jesus Cristo, o Senhor como servo; Jesus Cristo, o servo como Senhor; Jesus Cristo, testemunho verídico (3 volumes, 1953-1959).

A reconciliação é a obra do Filho e a realização da aliança entre Deus e o homem. Essa aliança existe desde as origens na intenção divina. O incidente do pecado tem por consequência que a aliança agora somente pode-se realizar pela reconciliação. Tal doutrina é profundamente cristológica: o Cristo é ao mesmo tempo o Deus reconciliador e o homem reconciliado. O conhecimento de Jesus

Cristo permite o conhecimento do pecado e gera a compreensão da reconciliação, que se faz na Igreja e em cada um de nós. Jesus Cristo é simultaneamente o homem que se rebaixa na humildade para nos reconciliar e o homem elevado por Deus, que nos santifica. A vida do cristão é a caridade. Jesus Cristo é a garantia e o testemunho de nossa reconciliação.

Fragmento: O fundamento da vida cristã: o Batismo.

Não escrito: A doutrina da redenção.

2. Apreciação crítica

A *Dogmática* de Barth é um monumento que se recomenda pela profundidade e a originalidade de seus pontos de vista. Profundamente bíblica, é também eminentemente cristocêntrica. É uma realização que tem muito a ensinar à teologia católica. Mas sua cristologia é totalmente conforme a Escritura? Barth admite a doutrina de Calcedônia, mas ele se inspira também em Lutero, acerca de um ponto muito discutido. Ele pensa a comunicação das duas naturezas, humana e divina, no sentido de uma espécie de permuta: Deus se coloca no lugar do homem e o homem é posto no lugar de Deus por pura graça, o que permite a realização da reconciliação. Barth entende que o Cristo foi feito pecado por nós, no sentido de "em nosso lugar", enquanto a interpretação atual é mais "em nosso favor, em nosso proveito". A paixão de Cristo deve ser compreendida como uma ação de Deus, que se esconde em seu contrário. Daí ser possível perguntar se a cruz não é mais que um monólogo do amor de Deus consigo mesmo. O papel da humanidade de Cristo é, de qualquer forma, reduzido.

Em relação ao conhecimento de Deus, Barth estabelece o grande princípio de que não conhecemos a Deus senão por Deus. Mas negligencia o fato de que somos nós que conhecemos a Deus. É preciso, portanto, que tenhamos em nós como reconhecer que é o Deus que fala na Bíblia. Barth chama a analogia do ser uma invenção do anticristo. Ele aceita apenas a analogia da fé ou da graça da redenção, que torna o discurso humano capaz de dizer o que é Deus. Coloca sempre a mesma questão, a da cooperação do homem para a salvação, que implica o conhecimento da natureza humana diante de Deus. Esta é a razão pela qual a Igreja Católica insiste no fato de que "o homem pela graça coopera com a graça".

Barth entende a justificação no sentido objetivo de redenção ou de reconciliação, e não diretamente como a participação das pessoas nessa justificação. A sentença que Deus pronuncia divide a existência humana até a raiz. O homem é declarado totalmente pecador e totalmente justo. Essa passagem se efetua em Jesus Cristo e não em nós mesmos. Jesus Cristo assumiu nosso lugar e somos justificados sem qualquer cooperação de nossa parte. O crente atesta em sua conduta que ele é justificado em Jesus Cristo, enquanto o descrente não o sabe. A justificação subjetiva não é senão o conhecimento da justificação objetiva. No limite, poderíamos chegar ao paradoxo de que o homem é justificado pelo Cristo sem a fé. Seria este o pensamento de São Paulo, para quem há sempre uma correlação entre a ação de Deus e a fé para a salvação do crente? Apenas o crente é justificado e a justiça de Deus vem mediante a fé. O homem é justificado sem as obras da lei; isso não quer dizer sem as obras da fé.

A obra ficou inacabada, o que explica a ausência de qualquer reflexão sobre os sacramentos, salvo um último fragmento que trata do Batismo. Mas a concepção desse sacramento mostra-se muito minimizante. É justo reconhecer que o diálogo ecumênico, após o Vaticano II, permitiu reais progressos acerca de todas essas questões.

A obra enciclopédica de Hans Urs von Balthasar

Hans Urs von Balthasar[8] é também um suíço, nascido em Lucerna, em 1905, que se beneficiou de uma infância muito musical e artística. Estudou filosofia e literatura, em particular germânicas. Ingressou na Companhia de Jesus, estudou filosofia em Pullach, na Alemanha, e teologia em Lyon, onde se inicia nos padres da Igreja e nutre grandes amizades francesas, em particular com H. de Lubac. Em 1940, encontra Adrienne von Speyr, uma protestante que ele receberá na Igreja Católica e que exercerá sobre ele uma profunda influência, em razão de sua espiritualidade e de suas experiências místicas. Ele mais tarde dirá a seu respeito: "Sua obra e a minha não são separáveis, nem psicológica nem filosoficamente, sendo duas metades de um todo que, como centro, tem um fundamento único". Em 1950, deixa a Companhia de Jesus, apesar de seu grande apego a Santo Inácio, para poder se ocupar do Instituto Saint-Jean, por ele fundado. Mantém também relações amigáveis

---

[8] Elementos bibliográficos: H. Danet. *Gloire et croix de Jésus-Christ. L'analogie chez Hans Urs von Balthasar comme introduction à sa cristologie*. Paris, DDB, 1987. K. Lehmann, W. Kasper. *Hans Urs von Balthasar. Gestalt und Werk*. Eisiedeln, 1991. G Marchesi. *La cristologia di Hans Urs von Balthasar. La figura di Gesù Cristo, espressione visibile di Dio*. Roma, Università Gregoriana, 1977.

Introdução à teologia

com Karl Barth, em que a teologia e a música ocuparão grande espaço, e continua a redação de sua obra imensa. Não participou do Concílio Vaticano II, mas foi nomeado logo após para a Comissão Teológica Internacional. Criado cardeal por João Paulo II, em 1988, morreu dois dias antes de receber o solidéu.

Dispondo de imensa cultura, Hans Urs von Balthasar concebeu uma síntese teológica de grande envergadura, distribuída em três vertentes, cada uma comportando muitos volumes. Essas três vertentes correspondem aos três "transcendentais":[9] belo, bom e verdadeiro. Portanto, haverá uma *Estética teológica*, em que o mistério cristão será analisado à luz da categoria do *belo*; uma *Teodramática*, em que o mesmo mistério será retomado segundo a categoria do *bom* e, enfim, uma *Lógica teológica*, escrita dessa vez a partir da categoria do verdadeiro. Esses três pontos de vista complementares são três harmonias que tentam manifestar de maneira complementar a beleza, a excelência e a verdade do conteúdo da fé. É notável que o primeiro momento da trilogia, a que ocupará mais tempo de seu autor, é a estética, enquanto, no universo da escolástica, é o último dos transcendentais. Mas com isso Balthasar não cede a um estetismo qualquer, que, aliás, ele critica na apologética de Chateaubriand no *Gênio do cristianismo*, pois esse autor se detém na ordem das belezas criadas, ao invés de visar a seu fundamento, a glória absoluta de Deus.

---

[9] Conforme a lógica escolástica, os transcendentais são propriedades do ser que ultrapassam cada um deles àquilo a que são atribuídos, aumentando gradativamente, de realidade em realidade, de maneira convergente até se reunirem na unidade de Deus, que é a suma do belo, do verdadeiro e do bem.

I. Estética teológica
(conforme a apresentação francesa da obra)

A glória e a cruz (Herrlichkeit). Aspectos estéticos da revelação. I: Manifestação. "Théologie", 61 (Paris, Aubier, 1965).

"Uma estética teológica fiel a seu objeto", escreve o autor comentando o primeiro prefácio de Noel,

> deve se desenvolver em dois momentos. Ela compreende: 1) A doutrina da percepção – ou teologia fundamental; a estética (no sentido kantiano) compreendida como doutrina da descoberta da figura de Deus que se revela. 2) A doutrina da exultação – ou teologia dogmática; a estética é, então, a doutrina da encarnação da glória divina e do homem chamado a dela participar.[10]

Deus, com efeito, se manifesta de maneira visível no mistério do Verbo encarnado, a fim de nos transportar e de nos alegrar no amor das coisas invisíveis. O transcendental do belo é percebido na relação sujeito-objeto. A *evidência subjetiva* torna-se, então, um tratado do ato de fé (à luz do "olhar da fé" do Padre Pierre Rousselot), pois a fé doa algo a ser visto. A *evidência objetiva* consiste em um estudo da figura da revelação, cujo centro é o Cristo, o Verbo feito carne. O centro do centro dessa figura é a cruz gloriosa.

Balthasar associa a experiência do belo à do amor: o encontro entre eu e tu, na medida em que realiza um milagre. Pois o amor é belo e o belo é amável e amado. A experiência do belo é específica, irredutível ao verdadeiro e ao bem. A figura da revelação do Verbo encarnado é uma grandeza estética que é preciso apreender em sua

---

[10] Hans Urs von Balthasar. *Apparition*, p. 103-104.

totalidade. O critério dessa beleza consiste na correspondência (a circuncessão) dos três conceitos da *beleza* (ou da glória divina), do *amor* e da *kénose*. O *logos* encarnado e crucificado manifesta a glória ou a beleza de Deus: ele é pleno de graça e de verdade. Há coincidência entre Amor e Beleza quando o Amor se manifesta no aniquilamento (*kénose*) completo da cruz. Tal é a figura do Cordeiro imolado e vivente do Apocalipse. A *kénose* da cruz revela o amor absoluto de Deus, o amor mais forte do que a morte. Essa *kénose* amorosa revela-se como beleza: ela é a revelação da glória de Deus.

T. II: *Estilos*. 1. *De Irineu a Dante* ("Théologie", 74. Paris, Aubier, 1968).

Balthasar é profundamente um literato: quer preencher o espaço ainda abstrato da reflexão que ele apresenta "com uma cor e uma plenitude históricas". Os dois volumes, intitulados *Estilos* e que constituem o segundo tomo, propõem uma série de monografias consagradas a autores que valorizaram de modo particular a beleza da fé cristã. Seu percurso vai de Irineu a Dante, passando por Agostinho, Pseudo-Dionísio, Anselmo e Boaventura. O capítulo sobre Irineu fornece um testemunho impressionante da simbiose entre os dois autores.

T. II: *Estilos*. 2. *De São João da Cruz a Péguy* ("Théologie", 81. Paris, Aubier, 1972).

Esse novo tomo continua as monografias e é consagrado aos autores modernos: João da Cruz, Pascal, Hamann, Soloviev, Hopkins e Péguy. Ele ultrapassa amplamente o campo dos teólo-

Bernard Sesboüé

gos profissionais. São todos sobre grandes pensadores que foram penetrados pela beleza do mistério cristão.

T. III: 1. *Teologia: Antiga Aliança* (Théologie, 82. Paris, Aubier, 1974).

O terceiro tomo da obra retorna à teologia e se dedica à estética bíblica. Ele estuda a revelação da glória de Deus por meio dos eventos e das palavras proféticas da Antiga Aliança.

T. III: 2. *Teologia: Nova Aliança* (Théologie, 83. Paris, Aubier, 1975).

Eis agora o lugar visado por toda a obra (na edição alemã *O campo da metafísica é* inserido entre o tomo II e o tomo III): ou seja, a Nova Aliança e a teologia da glória do Deus vivo que "outrora falou pelos profetas e no final dos tempos nos falou pelo Filho, (...) resplandecente de sua glória e signo de sua substância" (Hb 1,1-3). Essa seção é um importante contraponto do tomo I, que elaborava a estética teológica como "visão" da glória que se manifesta. Esse livro não se apresenta como uma teologia completa do Novo Testamento, mas como um acesso pela grande e larga porta da glória. Pois a glória servirá de "signo" para se "decifrar" a manifestação de Deus em seu Filho e constituir uma chave de interpretação da totalidade de seu sentido. Por tal razão, a preocupação sintética do autor o conduz a privilegiar o ponto de vista do Evangelho de João. Uma primeira parte é consagrada ao "Verbo feito carne"; uma segunda se dedica à aplicação ao Cristo do termo "glória" e a tudo que lhe diz respeito: "Vimos sua glória"; uma terceira

Introdução à teologia

parte apresenta, enfim, a resposta do mundo salvo, que se dedica à "glorificação da glória". É a cruz que revela e completa o sentido da tríade perpetuamente em jogo nas análises que concernem à vida e ao tempo de Jesus:[11] *Exigência absoluta, Pobreza absoluta, Abandono de si ou despojamento total.*

T. IV: *O campo da metafísica*

1. *Fundamentos* (Théologie, 84. Paris, Aubier, 1981).

2. *Construções* (Théologie, 85. Paris, Aubier, 1982).

3. *Heranças* (Théologie, 86. Paris, Aubier, 1983).

O quarto tomo (segundo em alemão) ultrapassa amplamente o quadro de uma *Dogmática*. Balthasar, homem de grande cultura, na qual a literatura e a filosofia ocupam um lugar muito importante, dedica-se a um novo e imenso percurso, principalmente filosófico, que nos conduz dos pré-socráticos aos grandes nomes da filosofia da modernidade (Descartes, Espinoza, Leibniz, Kant, Schiller, Fichte, Schelling, Hegel, Marx). Após ter partido do "solo da revelação bíblica", o autor pretende "ancorar o elemento cristão, do modo mais profundo possível, no pensamento da humanidade".[12] A teologia abre-se, assim, a um vasto diálogo no qual a resposta do homem, expressa por meio de todas as riquezas da arte e do pensamento, desempenha um papel complementar e nos permite melhor compreender o momento metafísico de nosso tempo.

---

[11] O autor conduz a teologia da *kénose* até o inferno, em uma visada talvez um pouco discutível, mas devida, sem dúvida, à influência de Adrienne von Speyr.

[12] Hans Urs von Balthasar. *À propos de mon oeuvre. Traversée.* Bruxelas, Lessius, 2002, p. 65.

2. A teodramática (dramática divina)

T. I: *Prolegômenos* (Paris, Lethielleux/Namur/Culture et Vérité, 1984).

Reflexões filosóficas sobre o drama e seu aspecto teatral. A instrumentação dramática. O mundo como teatro. Drama e existência.

T. II: *As pessoas do drama. 1. O homem e Deus* (Paris, Lethielleux/Namur/Culture et Vérité, 1986).

É uma obra antropológica. A teodramática pretende abordar o confronto que se produz na criação e na história, "entre liberdade divina infinita e liberdade humana finita",[13] cuja ausência o teólogo lamenta em nossa época. Balthasar faz aqui referência explícita ao campo literário do teatro vivido, em que se desenrola uma ação entre um certo número de personagens, considerando a tríade "autor-ator-encenação". Ele desenvolve uma "hermenêutica da teodramática", analisando o processo da ação de Deus em relação a seu povo, o combate dramático de Cristo e a dramática da imitação de Cristo.

T. II: *As pessoas do drama. 2. As pessoas no Cristo* (Paris, Lethielleux/Namur/Culture et Vérité, 1988).

Esse tomo é cristológico. O autor retoma aqui uma exposição sobre o Cristo apoiada em numerosas análises críticas, pois o Cristo é a personagem central do drama, em seguida sobre as outras per-

---

[13] Ibid., p. 74.

Introdução à teologia

sonagens do drama, eleitas e enviadas. É a ocasião para desenvolver uma teologia da mulher, depois uma mariologia ("Maria, personagem dramática") e, enfim, uma teologia da Igreja, composta de judeus e pagãos. O Deus trinitário não é um simples espectador do drama do mundo, mas nele está profundamente engajado, a ponto de se tornar seu "ator central".

T. III: *A ação* (Paris, Namur/Culture et Vérité, 1990). Obra soteriológica. Estamos agora na vivência do tema. Balthasar analisa a forma dramática do Apocalipse, depois o "teatro patético do mundo". Trata da soteriologia a partir de sua história no conjunto da teologia, conforme suas elaborações sucessivas: patrísticas, medievais e modernas,[14] antes de propor uma "soteriologia dramática" pessoal e de concluir com a "batalha do *Logos*" na história.

T. IV: *O despojamento* (Paris, Namur/Culture et Vérité, 1993). Obra trinitária. A *Teodramática* se debruça finalmente sobre o mistério de Deus. Esse último tomo aborda principalmente a escatologia. O mundo criado pela Trindade é inteiramente volta-

---

[14] É nesse tomo que o autor propõe (p. 248-258) um longo excurso com um juízo muito severo da soteriologia de Rahner, que não parece justo em relação às intenções do teólogo alemão. Rahner e Balthasar foram grandes amigos em sua juventude, a ponto de prepararem juntos o índice detalhado de uma dogmática. Distanciaram-se progressivamente, pois suas atitudes em relação ao mundo contemporâneo não eram as mesmas. Estava em uma reunião da Comissão Teológica Internacional com Balthasar, quando nos chegou a notícia da morte de Rahner. Um jornalista lhe pediu uma manifestação. Ele respondeu, com tristeza, "não posso, éramos muito assim", fazendo o gesto de opor os dedos.

Bernard Sesboüé

do para o céu. O despojamento será a tragédia do sofrimento de Deus e ao mesmo tempo um drama trinitário. Mas ele possibilita a participação do mundo na vida da Trindade.

3. A lógica teológica, ou Teológica

Nessa terceira vertente da trilogia, a questão é saber o que significa "verdade" no evento da revelação divina, pela encarnação do *Logos*[15] e a infusão do Espírito Santo. Essa vertente reflete, portanto, sobre a relação entre a estrutura da verdade criada e a da verdade divina (e, portanto, sobre a analogia). Será tratada amplamente a circuncessão ou a mútua implicação dos transcendentais.

T. I: *Verdade do mundo* (Paris, Namur/Culture et Vérité, 1994).

Esse tomo aborda primeiramente a verdade como natureza na relação entre sujeito e objeto; trata em seguida da verdade como liberdade em ambas; prossegue com o estudo da verdade como mistério e, por fim, como participação na revelação. Emprega um método principalmente filosófico.

T. II: *Verdade de Deus* (Paris, Namur/Culture et Vérité, 1995).

O segundo volume, mais propriamente teológico, busca uma integração entre filosofia e teologia, abertas uma à outra, constitui uma unidade com o terceiro e se inscreve em uma abordagem joanina. Estabelece primeiramente a analogia entre lógica divina e lógica humana e se interroga sobre a possibilidade da cristologia:

---

[15] Hans Urs von Balthasar. *Vérité du monde*, p. 5.

"Como uma verdade divina e infinita pode se traduzir em uma verdade criada e finita?".[16] Estuda a posição lógica do *Logos* em Deus e conclui com a antítese entre o Verbo e a carne, bem como sobre o fato de que ele é aquele que "se fez carne", considerando a contradição da carne que peca.

T. III: *O Espírito de verdade* (Paris, Namur/Culture et Vérité, 1996).

Esse último tomo continua o propósito do precedente acerca do Espírito, o "exegeta" ou intérprete de toda verdade, indispensável para que a palavra do Verbo possa ser recebida e compreendida; o Espírito como pessoa trinitária; o Espírito que é uma das "duas mãos do Pai", segundo a visão de Irineu; seu papel na obra da salvação e, enfim, seu lugar na Igreja e no mundo. A obra termina com o tema do "retorno à casa".

A trilogia de Balthasar apresenta, portanto, uma verdadeira suma do saber cristão, que confere um lugar à filosofia e assume todas as harmonias da cultura humana, vistas à luz da revelação do Pai, do Filho e do Espírito Santo, segundo a tripla vertente do belo, do bom e do verdadeiro.

O conceito de Cristianismo em Karl Rahner

É de uma maneira bem diferente que Karl Rahner[17] desenvolve a teologia dogmática, com uma grande preocupação de

---

[16] Ibid., p. 15.

[17] Elementos bibliográficos: V. Holzer. *Le Dieu Trinité dans l'histoire. Le différend théologique Balthasar-Rahner.* Paris, Cerf, 1995; E. Maurice. *La christologie de Karl*

Bernard Sesboüé

responder à dificuldade de crer que ocorre progressivamente no século XX. Nascido em Fribourg-en-Brisgau, em 1904, ingressa na Companhia de Jesus em 1922, na qual seu irmão Hugo já estava há três anos. Segue o itinerário clássico de formação: filosofia em Pullach, onde descobre o pensamento de Joseph Marechal, em seguida cursa teologia em Valkenburg, na Holanda. Após seus estudos, é destinado a ensinar História da Filosofia e começa o doutorado em Filosofia em Fribourg-en-Brisgau, onde segue durante dois anos os cursos de Heidegger. Sua tese em Filosofia sobre São Tomás, que se tornará *O Espírito no mundo*, foi recusada por seu orientador, Martin Honecker, com o pretexto de que dava muito espaço à filosofia moderna. Mas "a força das circunstâncias", como ele dirá mais tarde – ou seja, a urgência de um professor –, orientou Rahner para o ensino da Teologia. Vai então a Innsbruck para fazer uma tese de doutorado em Teologia. Rahner acrescenta a seu conhecimento aprofundado da escolástica medieval o das fontes patrísticas da fé. Ele começa a ensinar em Innsbruck em 1937, onde permanecerá formalmente até 1964. Em 1939, escreve com Hans Urs von Balthasar o projeto de uma dogmática que ocupará o início de seus *Schriften*. Suas primeiras contribuições tratam dos padres da Igreja, em particular Orígenes. Em 1938, o regime nazista se instala na Áustria com o *Anschluss* e a faculdade de teologia de Innsbruck é fechada. Rahner, impedido de ficar, parte para Viena e ali trabalha em um instituto de pastoral. Atribuirá sempre uma grande importância aos livros que ele chama de

---

Rahner. Paris, Desclée, 1995; Karl Rahner. *Discours d'Ignace de Loyola aux jésuites d'aujourd'hui* (trad. de Ch. Ehlinger). Paris, Centurion, 1979; Y. Tourenne. *La théologie du dernier Rahner.* Paris, Cerf, 1995.

Introdução à teologia

"piedosos", apaixonado pela experiência espiritual de Santo Inácio, que fez a "experiência imediata de Deus". Em 1944, é obrigado a deixar Viena e vive em um vilarejo na Baviera o drama de seu povo. Retorna a Innsbruck em 1948, retomando o magistério e desenvolvendo intensa atividade conferencista e de publicações. Participa das primeiras reuniões entre protestantes e católicos. Lança a reformulação do *Lexikon für Theologie und Kirche* e publica a obra pastoral *Missão e graça*, cuja tradução francesa marcará sua primeira ida à França. Participa do Concílio Vaticano II, primeiro como teólogo privado do Cardeal König, depois como *peritus* nomeado por João XXIII. É então que divulga pela primeira vez a ideia da necessidade de um curso fundamental da fé, que está na origem de seu futuro livro. Nessa época, H. de Lubac disse: "Rahner é o maior teólogo do século XX". Em 1964, é nomeado para a cátedra de Romano Guardini em Munique, em seguida ocupa, em 1967, uma cátedra de dogmática. Em 1971, aposenta-se e prepara o *Curso fundamental da fé*,[18] obra de síntese para a qual ele escreveu numerosas contribuições anteriores. Propõe uma articulação forte de sua teologia transcendental com a exposição dogmática da fé. Morre aos 80 anos, em 30 de março de 1984.

Rahner escreveu uma obra teológica considerável, mas privilegiou as contribuições setoriais publicadas ao longo da série *Escritos teológicos*. Apenas no final de sua vida decidiu escrever uma síntese dogmática com o título de *Curso fundamental da fé*, que ele dirige não apenas aos jovens seminaristas, mas a um grande número de cristãos curiosos em compreender a fé e aos quais quer devolver

---

[18] Ed. bras.: São Paulo, Paulinas/Paulus, 1989.

Bernard Sesboüé

a coragem de crer. Sua finalidade é permitir ao cristão de hoje "crer com toda probidade intelectual" e ser capaz de dar razões de sua fé e de justificá-la diante de si mesmo, antes de tudo, e dos outros. "Tal justificação da fé compreende também um mesmo movimento da teologia fundamental e da dogmática."[19] Trata-se de uma "introdução ao Cristianismo" e a seu "conceito", isto é, à totalidade do mistério cristão, confrontado com a totalidade da existência humana. Ela supõe uma articulação concreta entre filosofia e teologia. Está distribuída em nove partes.

As três primeiras etapas formam uma unidade e exprimem o que é pressuposto no ser humano para que ele possa ouvir e acolher o mistério cristão. Estamos no domínio de uma antropologia "transcendental". A primeira etapa, "À escuta da palavra", nos faz realizar em nós a existência de um polo subjetivo de conhecimento, que é condição de possibilidade de qualquer conhecimento refletido. Esse polo nos escapa amplamente, pois não podemos dominá-lo. Seu horizonte é infinito, "ele é pura abertura ao absolutamente outro".[20] É o lugar em que o "homem ultrapassa o homem" segundo as palavras de Pascal, isto é, em que o homem supera sua própria finitude experienciando-a como finitude. Essa experiência inelutável – somos feitos assim e não de outro modo – é o fundamento de nossa liberdade, isto é, "da faculdade de decidir sobre si mesmo e de se fazer a si mesmo",[21] que é a "facul-

---

[19] K. Rahner. *Curso fundamental da fé*, p. 21-22 (ed. francesa: *Traité fondamental de la foi*. Trad. de G. Jarczyk. Paris, Centurion, 1983). [Obs.: a numeração das páginas se refere à tradução francesa – N.T.]

[20] *Curso fundamental da fé*, p. 32.

[21] Ibid., p. 53.

168

dade do definitivo e do eterno". Tal experiência de nossa própria transcendência é a marca que há em nós do "mistério absoluto" que nomeamos Deus. Esse conhecimento implícito de Deus é a condição de possibilidade de qualquer discurso sobre Deus; ele está em nós como uma espécie de ferida que não podemos curar. Uma meditação sobre a palavra "deus" explica, em um grande texto, que essa palavra nos é dada e que, caso ela viesse a desaparecer porque o ser humano não apenas a esqueceu, mas se esqueceu de que a esqueceu, ele deixaria de ser humano. A humanidade poderia continuar a fazer progressos técnicos, mas estaria morta como humanidade. A terceira etapa estuda "o homem como ser radicalmente ameaçado pela falta". Tal é a consequência de nossa liberdade e de nossa responsabilidade. O pecado nos ameaça e a experiência mostra que ele já penetrou na humanidade.

As etapas 4 e 5 propõem uma compreensão cristã da existência humana, conforme o que é específico da mensagem cristã explícita. "O homem é o evento de autocomunicação livre e misericordiosa de Deus."[22] Antes de o ser humano buscar a Deus, Deus está em busca do ser humano. Deus quer dar tudo ao homem, ele quer sobretudo se doar a si mesmo num gesto que completa nossa humanização. É o tema da divinização do ser humano, caro à tradição oriental. Em termos ocidentais, fala-se da graça da justificação e da santificação do homem até o dom da visão de Deus na eternidade. Essa autocomunicação é realizada plenamente na pessoa do Cristo, Verbo encarnado. Donde o adágio: a Trindade presente e agente na história da salvação é a Trindade imanente, porque Deus se revela

---

[22] Ibid., p. 139.

Bernard Sesboüé

e se doa a si mesmo, tal como ele é. A quinta etapa poderia, então, ampliar o tema da autocomunicação de Deus a toda história da salvação e da revelação.

A etapa 6, "Jesus Cristo", é central na economia da obra e constitui um livro no livro. O teólogo amplia em dez pontos o esboço de uma cristologia já publicada em 1972.[23] Ele parte do Cristo considerado na visão evolutiva do mundo, em seguida da fenomenologia de nossa relação com Jesus Cristo, e desenvolve uma "cristologia transcendental", de onde "deduz", na medida do possível, a figura do salvador absoluto enviado por Deus. Retoma, então, suas reflexões teológicas sobre a encarnação, comentando a fórmula: "o Verbo se fez carne". Estuda a história da vida e da morte do Jesus pré-pascal, inserindo-se no debate sobre "o Jesus da história e o Cristo da fé". A sequência normal do percurso aborda a teologia da morte e da ressurreição de Jesus e a continuidade do Novo Testamento entre a cristologia dita "de baixo" e a "do alto", a teologia primitiva da ressurreição sendo o ponto de partida da cristologia em geral. O autor retorna, então, à cristologia clássica, a "cristologia magisterial" dos grandes concílios recapitulada na fórmula de Calcedônia. Ele considera que uma cristologia orto-doxa que se emancipasse de seus pressupostos seria possível, mas deveria, entretanto, reconhecer seu valor normativo, estabelecendo um certo número de condições para tanto. Retorna uma vez mais sobre "a relação pessoal do cristão com Jesus Cristo" no espírito de uma "cristologia existencial" e termina essa etapa com um estudo do lugar de Jesus Cristo nas religiões não cristãs por um ato de abertura ao universal.

---

[23] Karl Rahner; Wilhelm Thüsing. *Christologie – systematisch und exegetisch*. Freiburg, Herder, 1972.

Introdução à teologia

As etapas 7 a 9 abordam o Cristianismo como Igreja, que é a forma institucional necessária do evento Jesus Cristo, sem constituir para tanto o enunciado central do Cristianismo. Ela tem por fundamento e por fundadora a pessoa de Jesus e se encontra tematizada já no Novo Testamento. Mas permanece a questão da legitimação da Igreja Católica na multiplicidade atual das confissões cristãs. O teólogo emprega aqui o "método indireto" que lhe é caro e que empregará na sequência a propósito da Escritura. Ele consiste em pressupor que, se certas condições são preenchidas (unidade, continuidade etc.), a prova está dada. A etapa 7 é dedicada à Escritura e ao magistério. A etapa 8, modestamente intitulada "observações sobre a vida cristã", trata da liberdade do cristão, da vida sacramental e dos sete sacramentos. A etapa 9 aborda a escatologia, simultaneamente pessoal e coletiva. O epílogo da obra propõe diversas fórmulas breves da fé, de maneira muito pastoral.

Tal é a obra maior da teologia dogmática escrita por Karl Rahner, primitivamente destinada aos jovens seminaristas que não têm clareza em relação à sua própria fé, mas que ajudou, apesar de seu acesso um pouco difícil, muitos cristãos do século XX a reencontrarem a alegria de crer "com toda probidade intelectual".[24]

---

[24] É preciso também citar, entre as grandes obras do século XX, a obra coletiva, publicada sob o impulso do Concílio Vaticano II, *Mysterium salutis. Dogmática da história da salvação*, organizada por J. Feiner e M. Löhrer, distribuída em cinco tomos: I. "As estruturas da história da salvação"; II. "A história da salvação antes de Cristo"; III. "O evento Jesus Cristo"; IV. "Igreja, comunidade do homem-Deus"; V. "O homem salvo e a via da salvação". Publicada originalmente como *Mysterium salutis. Grundriss heilsgeschichtlicher Dogmatik*. Einsideln-Zurik-Köln, Benzinger Verlag. Trad. francesa: Paris, Cerf (ed. bras.: Petrópolis, Vozes, 1973). A obra recomenda-se pela qualidade de seus autores.

CONCLUSÃO

O futuro da teologia dogmática

Qual é o futuro da teologia dogmática? É sempre muito difícil profetizar, tanto mais em tal domínio. Vivemos uma transformação não apenas das mentalidades que afetam internamente os trabalhos teológicos, mas também das coordenadas da consciência cultural. É certo que a teologia e, em particular, a teologia dogmática serão sempre vivas na Igreja, mas é bem difícil prever qual forma essas disciplinas tomarão.

A mutação cultural que vivemos hoje, sem que possamos conhecer sua conclusão, é comparável às duas ou três mutações que afetaram o Ocidente cristão desde suas origens. A primeira situa-se no momento da queda do Império romano (476) e de suas consequências. No plano da teologia, ela implica o momento da passagem da literatura dos padres da Igreja à da escolástica. Uma segunda mutação se situa no século XVI, entre a Idade Média e o advento dos tempos modernos, com o início da imprensa, o movimento do renascimento literário e artístico e o início da

Reforma. A teologia também mudou de estilo, abrindo-se à consideração do sujeito e da modernidade. Os melhores observadores dessa época poderiam prever as formas que o trabalho teológico assumiria? Certamente não, e hoje estamos na mesma situação. Sentimos uma mudança radical em curso, por meio de uma série de indicativos, mas não podemos prever o que acontecerá. Nas mutações precedentes, os teólogos passaram de um certo tipo de inteligência teológica da fé a um novo, dificilmente previsível, e que os levou a encarar problemáticas totalmente novas. Podemos falar a esse propósito de "mudança de paradigmas". A última mutação teológica vinculou-se ao nascimento de uma nova figura da fé. Algo de semelhante pode ocorrer? Pode, em todo caso, acontecer, sem que saibamos ainda discernir seus primeiros delineamentos.

I. De uma teologia europeia a uma teologia mundial

Uma coisa é certa: passamos de uma teologia sobretudo europeia a uma teologia mundial, na qual todos os continentes pretendem dizer uma palavra original e culturalmente situada. É já algo adquirido, e que se expressou no Concílio Vaticano II, do qual medimos a distância cultural em relação ao Vaticano I. Isso pode ser constatado já há algumas décadas, se considerarmos as diversas teologias da libertação, não apenas na América Latina, mas também na África. Da mesma forma, os teólogos da Ásia fazem sua música ser ouvida com força, na medida em que se confrontam com o peso cultural extremamente forte das religiões tradicionais, com as quais buscam um diálogo construtivo. Mas tais expressões

Introdução à teologia

novas de teologias que se pretendem autenticamente cristãs são apenas um começo. Teremos cada vez mais que nos confrontar com teologias contextuais ligadas à diversidade das histórias e das culturas, cuja perspectiva ainda nos é desconhecida.

Isso quer dizer que a matriz greco-latina da dogmática cristã, que foi até agora a única realização histórica de inculturação da fé cristã num mundo cultural então estranho a suas raízes judaicas, deve aceitar se confrontar com universos de categorias ainda desconhecidas e cuja descoberta não pode ser senão desestabilizadora. De um lado, devemos nos alegrar, pois essa novidade fornece a prova de que o Cristianismo é capaz de se encarnar e de ser apropriado por todos os povos que existem sob o céu. Mas, de outro lado, tal emergência põe a difícil questão do reconhecimento mútuo da ortodoxia nesses Credos cuja expressão será radicalmente diferente, mesmo nas fórmulas fundamentais da fé. Pois a novidade da linguagem engaja inevitavelmente uma nova apreensão do conteúdo, não porque a fé deva "mudar", mas porque ela desenvolverá horizontes de sentido totalmente novos. Parece difícil que esse problema possa ser gerido apenas pela via do magistério romano, que sempre estará sujeito à acusação de ser juiz e parcial. A via conciliar parece a mais apropriada: reviveremos então, em escala planetária, a aprovação dos Credos da época dos grandes concílios antigos. Rudes debates estão, sem dúvida, por vir, mas debates esses que engendrarão uma nova literatura da teologia dogmática.

No coração dessa mutação, põe-se o difícil problema da unicidade do Cristo. O Cristianismo sempre proclamou que Jesus de Nazaré, confessado como Cristo, Senhor e Filho de Deus, é "o único mediador entre Deus e os homens, sendo um homem:

Cristo Jesus" (1Tm 3,5) e que "não há salvação fora dele: pois não há sob o céu nenhum outro nome oferecido aos homens que seja necessário à nossa salvação" (At 4,12). Tal afirmação parece significar uma recusa *a priori* de qualquer diálogo verdadeiro entre as religiões, visto que as desqualifica de início. Alguns teólogos cristãos do sudoeste asiático interiorizaram essa objeção em debates constantes e fazem um questionamento radical do Cristianismo. Como sair do "para o alto" do terrível dilema de ceder ou recusar? Tais debates fazem pensar naqueles ocorridos acerca da unidade do Cristo. Eles já estão amplamente em curso. Provavelmente, ainda não chegaram ao cume e estarão, sem dúvida, na base da crise doutrinal mais grave do século XXI.

II. Um deslocamento de fronteiras entre as disciplinas

Se retornarmos à tradição da teologia dogmática no Ocidente, devemos constatar que as fronteiras entre as disciplinas permitem hoje, e mesmo requerem, amplas osmoses. Já assistimos a um deslocamento considerável da cristologia dogmática para a cristologia bíblica. A análise dos testemunhos escriturísticos sobre Jesus impôs-se a ponto de relegar a segundo plano a análise dos concílios, de seus debates e das numerosas teses teológicas desenvolvidas ao longo da história. A cristologia atual não é mais a da primeira metade do século XX. Podemos, ainda hoje, "abandonar" a abordagem da Escritura à responsabilidade e ao trabalho dos exegetas, o que foi a opinião constante de Karl Rahner, mesmo em nome da disparidade das disciplinas, na medida em que o Novo Testa-

Introdução à teologia

mento está no coração dos problemas doutrinais da cristologia? A teologia dogmática resolveu, de maneira decisiva e esclarecedora para o futuro, o problema de suas relações com a exegese moderna e a teologia bíblica, isto é, com os problemas nascidos no século XVII com Richard Simon?[1]

Um problema análogo se coloca entre a teologia fundamental e a teologia dogmática. Wolfhart Pannenberg profetizou que "a cristologia não deve somente se ocupar da maneira pela qual se desenvolveu a confissão de fé cristológica da comunidade, mas sobretudo da maneira como ela se funda sobre o que foram outrora a ação e o destino de Jesus".[2] Em outras palavras, ele atribuía à cristologia como tarefa primordial um trabalho de teologia fundamental, em razão de sua solidariedade "de fundo" com a análise dogmática da cristologia. É verdade que exigências da teologia fundamental impõem-se com frequência mesmo na exposição dogmática. Trata de repensar a unidade da justificação e da exposição da fé. Qual é o leitor, mesmo cristão e católico, que se contenta com uma exposição bem ordenada dos capítulos da fé, como ainda fazem numerosos catecismos recentes? Quem não se coloca de maneira recorrente a questão de saber como as primeiras comunidades cristãs chegaram a tais afirmações? K. Rahner, em seu *Curso fundamental da fé*, queria possibilitar a seu leitor "chegar

---

[1] É por vezes bem difícil encontrar a razão de fundo, simultaneamente exegética e teológica, pela qual o teólogo adota em sua construção dogmática a interpretação de um exegeta mais do que a de um outro. Esse tipo de problemas periodicamente causou uma certa tensão, mesmo uma desconfiança, entre uns e outros na última metade de século.

[2] W. Pennenberg. *Esquisse d'une théologie*. Paris, Cerf, 1971, p. 24.

a um 'sim' intelectualmente honesto à fé cristã".[3] Por tal razão ele pretende propor o conceito de Cristianismo "num primeiro nível de reflexão", que abrangesse tanto a teologia fundamental quanto a dogmática. Em tal perspectiva, as fronteiras das disciplinas se desfazem inevitavelmente.

O mesmo ocorre na relação entre a teologia moral e a teologia dogmática. A fronteira dessas duas disciplinas mostra-se singularmente estimulante, ainda que seus respectivos centros de gravidade sejam claramente diferentes. A moral se "dogmatizou" cada vez mais na modernidade. O que isso quer dizer? Ela está no coração da preocupação pastoral da Igreja. Por tal razão foi objeto de intervenções do magistério cada vez mais numerosas, editadas segundo o mesmo gênero literário que as declarações doutrinais, a ponto de ganharem lugar na coletânea de Denzinger. Há uma verdadeira doutrina moral na mensagem cristã. É normal que ela se desenvolva e atualize de maneira permanente, tal como ocorre com a teologia dogmática. Essa doutrina moral pertence à normatividade da fé. Há dogmas morais. É assim que uma recente "História dos dogmas" propôs toda uma seção acerca da "Via da ética" conforme a sequência dos ensinamentos morais, com sua normatividade própria desde as autoridades antigas até o magistério recente da Igreja.[4]

---

[3] K. Rahner. *Curso fundamental da fé*, cit., p. 18.

[4] *História dos dogmas*, dirigida por B. Sesboüé, t. II. O homem e sua salvação, 2ª parte: "Das 'autoridades' ao magistério. A via da ética", redigida por Philippe Lécrivain, op. cit.

Uma reflexão do mesmo tipo poderia certamente ser conduzida com muitas outras disciplinas anteriormente mencionadas a propósito da especialização das teologias.[5]

III. Novas questões a tratar, antigas reflexões a retomar

Podemos também considerar que alguns problemas teológicos novos se impõem hoje em razão do desenvolvimento histórico da ciência e da técnica, bem como de uma nova sensibilidade cultural que se reelabora de modo incessante:

A teologia ecumênica se desenvolve cada vez mais e deverá futuramente dar lugar a estudos comuns dos pontos de vista histórico e dogmático precisos acerca de controvérsias antigas, aportando a seu respeito um juízo equilibrado e mutuamente verificado. Tais pesquisas empreendidas com finalidade gratuita poderiam servir para reduzir a fonte de certas divergências hoje consideradas como separatistas. A recente declaração comum, assinada em 1999, da Igreja Católica e da Federação Luterana Mundial sobre *A doutrina da justificação*,[6] não é um exemplo particularmente significativo? Trata-se de uma exposição teológica circunstanciada acerca de uma doutrina central para nossa fé, segundo o método do consenso diferenciado. O programa continua sendo imenso e pode tratar de numerosos outros pontos, que serão objeto de novos avanços não somente no domínio da reconciliação ecumênica, mas simplesmente no de um conhecimento teológico mais afinado com o

---

[5] Cf., supra, pp. 21-60.

[6] Edição: Cerf/Bayard-Centurion/Fleurus-Mame/Labor et Fides, 2000.

mistério cristão, pelo simples fato de que será o resultado de uma reflexão mais universal.

A história das religiões é uma disciplina hoje bem desenvolvida. Não é o mesmo no caso da teologia cristã das religiões, apesar das tomadas de posição do último concílio e do início promissor de diálogos inter-religiosos. Um *a priori* de compreensão e de benevolência poderia desembocar num discurso infinitamente mais elaborado e mais aberto. A teologia das religiões não é um domínio da teologia, domínio ainda balbuciante, mas que pertence com propriedade à doutrina da salvação? Um certo número de dossiês da tradição,[7] em particular debates ocorridos por ocasião da descoberta do Novo Mundo, poderiam aqui ser muito instrutivos. Eles são depositários de uma reflexão que vai muito além de sua situação polêmica imediata. A teologia dogmática deve incorporá-la.

Se voltarmos ao caderno de tarefas da teologia tradicional, damo-nos conta de que muitas outras regiões permanecem ainda largamente *terra incognita*, sobretudo se fizermos referência a certas novidades, tanto científicas e tecnológicas quanto culturais. Tomemos, por exemplo, a teologia da criação. Ela conheceu um incremento decisivo com a reconsideração bíblica do papel do Cristo. Ao lado dos relatos da criação no Gênesis, há novos, extremamente importantes, no Novo Testamento, que põem o papel do Cristo em primeiro plano. Os problemas éticos da gestão da criação pelo homem não foram amplamente esquecidos? Sempre consideramos que o trabalho humano constituía um completar da criação. A

---

[7] Pensemos, por exemplo, no notável estudo de Michel Fédou. *Christianisme et religions païennes dans le* Contre Celse *d'Origène*. Paris, Beauchesne, 1988.

criação foi amplamente "humanizada", a ponto de que não poderíamos mais viver na criação original. Tal avaliação foi considerada verdadeira durante muito tempo, pois as descobertas do homem ainda não colocavam nenhum problema moral a propósito de sua realização. Isso não é mais verdade hoje, quando nos apercebemos de que o ser humano abusou do planeta a ponto de pôr em risco os recursos naturais mais básicos, que ele hoje é capaz de suprimir ou tornar inviáveis, e mesmo em relação à identidade e ao futuro de todo o gênero humano. Já sabemos que o mundo vai em direção à catástrofe, a menos que haja uma conversão radical da humanidade no domínio ecológico. Como discernir o que é bom e o que é mau para os seres humanos, o que deve ser encorajado e o que deve ser interditado, o que é eticamente justificável ou condenável em nome da vocação humana? O próprio papa apresentou, em sua encíclica *Laudato Si'*, sobre o cuidado da casa comum, um dossiê impressionante da situação, que comoveu a opinião pública bem além das fronteiras do catolicismo. Essa encíclica é um grande programa de reflexão para a teologia do futuro.

A teologia católica verdadeiramente assumiu a guinada pneumatológica? A questão do Espírito Santo foi muito debatida no Concílio Vaticano II, conforme a demanda dos padres conciliares vindos do Oriente e em razão dos diálogos com os ortodoxos. Y. Congar levou tal exigência a sério, apontando para o débil lugar ocupado pelo Espírito Santo na teologia católica. Consagrou uma trilogia ao mistério do Espírito Santo: *Creio no Espírito Santo*.[8]

---

[8] Ed. bras.: São Paulo, Paulinas.

Esse exemplo não deveria ser seguido, em particular em tudo o que concerne à relação entre o Espírito e a Igreja?

O mistério cristão não apenas comporta um futuro, mas está totalmente voltado ao advento do final dos tempos, para a segunda *parousia* do Cristo e a realização última do Reino de Deus. A própria Eucaristia é *memorial* não apenas do evento passado, mas de um evento escatológico cujo último evento situa-se no futuro. De igual modo, não temos também que aprofundar a teologia da esperança? As teologias dogmáticas do passado certamente a exprimiram. Mas tal dimensão do futuro, que não é desprovida de relação com o futuro da própria fé, exige em nosso tempo, totalmente voltado para a frente, retomar um lugar significativo tanto na reflexão doutrinal como na pregação.

A teologia política parece mostrar também um grande atraso. Ela foi durante muito tempo confiscada pela questão das relações entre Igreja e Estado, o que não é senão um aspecto em relação ao tema propriamente teológico em causa. Durante muito tempo esteve ausente do ensino nos seminários. A crise da ocupação alemã na França, entre 1940 e 1944, revelou as carências do episcopado francês da época a esse respeito. Desde então, muitos estudos foram feitos. Mas não podemos dizer que um verdadeiro corpo doutrinal de teologia política veio a lume, capaz de encontrar um assentimento geral, a menos em linhas gerais.

A teologia prática, hoje em vias de desenvolvimento, tem ainda tarefas a enfrentar. O termo "prática" anuncia uma orientação precisa, à qual é preciso dar todas as chances. Mas esse adjetivo não poderia englobar o de *dogmática*. A teologia prática não se pode

Introdução à teologia

realizar senão como uma forma determinada e nova de teologia dogmática.

Todas as grandes religiões mundiais estimam ter uma vocação universal. A pretensão do Cristianismo à universalidade é bem conhecida. Mas ela constitui um desafio que muitos consideram como contradito pela realidade, que é a da particularidade mediterrânea do Cristianismo. Do ponto de vista histórico, o Cristianismo não é senão uma das vias religiosas da humanidade dentre tantas outras. Um outro aspecto da mesma questão provém de sua pretensão de dizer a verdade sobre o homem enquanto homem, portanto, em matéria de ética considerar que suas convicções deveriam poder se impor a qualquer homem de boa vontade. Tertuliano não falava de *anima naturaliter christiana*? Há neste ponto um desafio que o Cristianismo, bem como a Igreja Católica em particular terão cada vez mais que justificar em nome daquilo que pretendem ser.

IV. Uma teologia dogmática completa? Uma nova *Suma*?

Esse é, sem dúvida, o aspecto sobre o qual devemos esperar ser decepcionados. Estamos longe da situação de 1954, em que dois grandes teólogos, Karl Rahner e Hans Urs von Balthasar, podiam construir, com audácia juvenil, o grande programa de uma teologia dogmática completa. Eles não a realizaram como tal. Mas esse programa inspirou fortemente o conjunto intitulado *Mysterium Salutis. Dogmática da história da salvação.*[9] Nós nos deparamos hoje com um duplo fenômeno: primeiro, o estilhaçar da teologia

---

[9] Cf., supra, p. 169, nota 24.

dogmática em diversas disciplinas especializadas e que mobilizam mais a atenção do que uma síntese global. Já reconhecemos essa desafeição dos teólogos para com a teologia dogmática, em particular em sua vontade de totalização dos dados da fé. Encontramos a intervenção cada vez mais massiva das ciências humanas nos trabalhos dos teólogos, a evolução cada vez mais complexa das problemáticas, e a passagem intelectual de uma teologia dos conteúdos, ou dos objetos, a uma teologia dos sujeitos e à consideração dos contextos. A exposição totalizante com suas inumeráveis exigências provoca uma espécie de angústia. A teologia aparece perdida em suas especialidades, que se tornam desesperadoras para a ambição sintética. Os generalistas em teologia têm menos espaço, e é preciso uma enorme coragem, ou uma ingenuidade ainda mais considerável, para ousar enfrentá-la. De igual modo, a teologia dogmática evoca de mais perto a normatividade do crer, enquanto as disciplinas teológicas hoje em desenvolvimento preferem se deter na positividade dos fatos.

O segundo fenômeno, aliás ligado ao primeiro, é uma nova sensibilidade. Preferimos a exposição técnica ou a exposição pastoral, ou ainda a consideração do futuro mais do que a do passado. Vivemos com uma concepção nova da verdade que deve ser realizada, tanto quanto ser exposta. A relação entre a verdade e o agir é visada segundo novos paradigmas.

Portanto, ninguém sabe hoje se e quando novas sumas teológicas, dando conta do conjunto do mistério cristão, serão possíveis. Mas a tarefa como o cuidado da teologia dogmática é cada vez mais presente no mundo todo. Talvez cheguemos a um tempo em que o trabalho especializado deva ser privilegiado, na maior abertura possível às germinações de nosso tempo e de nosso futuro próximo, para que possamos ao menos reescrever um ou outro capítulo de nossa teologia dogmática.

***

A teologia dogmática, portanto, não chegou à sua conclusão. Ainda menos esta apresentação pretende ser conclusiva. Sua finalidade não foi senão introduzir o leitor no grande campo das ciências teológicas e traçar alguns caminhos para quem deseje nela se engajar e talvez também ao prático que busca melhor situar neste grande universo o lugar e o papel de sua própria disciplina. Conhecemos os benefícios de todo o progresso da comunicação entre os homens. Possa este pequeno livro ser um agente fecundo de comunicação inter-teológica, incitando o gosto do estudo da teologia e fazendo frente à imensa ignorância que afeta o mundo atual sobre esta matéria.

Bibliografia geral

ALBERIGO, G. (org.). *Les Conciles oecuméniques.* T. I: *L'histoire,* T. II, 1: *Des décrets de Nicée I à Latran V,* T. II, 2: *Des décrets de Trente à Vatican II.* Paris, Cerf, 1994.

BLONDEL, M. *Histoire et dogme.* Montligeon, 1904; Paris, PUF, 1956.

_____. *Lettre sur les exigences de la pensée contemporaine en matière d'apologétique et sur la méthode de la philosophie dans l'étude du problème religieux (1896).* Paris, PUF, 1956.

BOUILLARD, H. *Vérité du Christianisme.* Paris, DDB, 1989.

CANO, M. *Des lieux théologiques.* Migne. *Theologiae cursus completus,* T. I., 1890.

CHENU, M.-D. *Introduction à l'étude de Saint Thomas d'Aquin.* Paris, Vrin, 1950.

_____. *La théologie au XIIe. siècle.* Paris, Vrin, 1957.

_____. *La théologie comme science au XIIIe. siècle.* Paris, Vrin, 1943.

CONGAR, Y. Théologie. *Dictionnaire de Théologie Catholique*, T. XV. Paris, Letouzey, 1946, col. 341-502.

_____. Dogmatique. *Catholicisme*, III, p. 949-951.

_____. *La foi et la théologie*. Tournai, Desclée, 1962.

_____. *Tradition et traditions. T. I. Essai historique; T. 2: Essai théologique*. Paris, Fayard, 1960.

DENZINGER, H. *Symboles et définitions de la foi catholique*. 37. ed. por P. Hünermann e J. Hoffmann. Paris, Cerf, 1996.

GEFFRÉ, C. *Un nouvel âge de la théologie*. Paris, Cerf, 1972.

_____. *Le christianisme au risque de l'interprétation*. Paris, Cerf, 1983.

GRANDMAISON, L. de. *Le Dogme chrétien. Sa nature, ses formules, son développement*. Paris, Beauchesne, 1928.

HARNACK, A. von. *Die Geschichte der altchristlichen Literatur bis Eusebius*. Leipzig, Hinrichs, 1893; *Lehrbuch des Dogmengeschichte. T. I. Die Entstehung des kirchlichen Dogmas*; T. II. *Die Entwicklung des kirchlichen Dogmas*; T. III. *Die Entwicklung des kirchlichen Dogmas*, 2, 3. Tübingen, J. C. B. Mohr, 1909-1910; *Histoire des dogmes*. Trad. E. Choisy. Paris, Cerf, 1993.

KASPER, W. *Dogme et Évangile*. Tournai, Casterman, 1967.

KÜNG, H. *Infaillible? Une interpellation*. Trad. A. Rochais. Paris, DDB, 1971.

Les Conciles oecuméniques, direção de G. Alberigo, T. I: *L'histoire*, T. II, 1: *Des décrets de Nicée I à Latran V*, T. II, 2: *Des décrets de Trente à Vatican II*. Paris, Cerf, 1994.

MARLÉ, R. *Le projet de théologie pratique.* "Le point théologique", 32. Paris, Beauchesne, 1979; Institut Chatolique de Paris. *Essais de théologie partique. L'institution et le transmettre.* "Le point théologique", 49. Paris, Beauchesne, 1988.

NEWMAN, J. H. *An Essay of the development of Christian Doctrines.* Londres, 1845.

RAHNER, K. *Traité fondamental de la foi. Introduction au concept du christianisme.* Trad. G. Jarczyk. Paris, Le Centurion, 1983.

SESBOÜÉ, B. (org.). *Histoire des Dogmes.* T. I: *Le Dieu du salut, la Tradition, la règle de foi et les Symboles. L'économie du salut. Le développment des dogmes trinitaire et christologique,* por B. Sesboüé e J. Wolinski. Paris, Desclée, 1994; T. II: *L'Homme et son salut. Anthropologie chrétienne: création, péché originel, justification et grâce, fins dernières,* por V. Grossi, L. F. Ladaria, Ph. Lécrivain, B. Sesboüé. Paris, Desclée, 1995; T. III: *Les signes du salut. Les sacrements, l'Église. La Vierge Marie,* por H. Bourgeois, B. Sesboüé e P. Tihon. Paris, Desclée, 1995; T. IV: *La Parole du salut,* por B. Sesboüé e Ch. Theobald. Paris, Desclée, 1996.

_____. *L'Évangile et la Tradition.* Paris, Bayard, 2008, p. 97-111.

_____. *Histoire et théologie de l'infaillibilité de l'Église.* Bruxelas, Lessius, 2013.

TIXERONT, J. *Histoire des dogmes dans l'Antiquité chrétienne.* T. I: *La Théologie anténicéenne;* T. II: *De Saint Athanase à Saint Augustin* (318-430); T. III: *La Fin de l'âge patristique* (430-800). Paris, Gabalda, 1905-1911.

Rua Dona Inácia Uchoa, 62
04110-020 – São Paulo – SP (Brasil)
Tel.: (11) 2125-3500
http://www.paulinas.com.br – editora@paulinas.com.br
Telemarketing e SAC: 0800-7010081